◎浙江省哲学社会科学规划课题"自我与职业双重生产视角下残健融合就业的
　形成机理与实证检验"（22NDJC355YBM）成果

◎浙江特殊教育职业学院学术专著出版经费资助

# 自我与职业的双重生产

## 特殊高等职业教育院校创新与发展研究

赵晓旭◎著

Dual Production of Self and Career:

A Study of Innovation and Development
in Special Higher Vocational Education Institutions

ZHEJIANG UNIVERSITY PRESS
浙江大学出版社
·杭州·

**图书在版编目(CIP)数据**

自我与职业的双重生产：特殊高等职业教育院校创新与发展研究 / 赵晓旭著. —— 杭州：浙江大学出版社，2024.5

ISBN 978-7-308-24950-8

Ⅰ. ①自… Ⅱ. ①赵… Ⅲ. ①特殊教育－职业教育－研究－浙江 Ⅳ. ①G76

中国国家版本馆 CIP 数据核字(2024)第 094118 号

**自我与职业的双重生产：特殊高等职业教育院校创新与发展研究**

ZIWO YU ZHIYE DE SHUANGCHONG SHENGCHAN：TESHU GAODENG ZHIYE JIAOYU YUANXIAO CHUANGXIN YU FAZHAN YANJIU

赵晓旭　著

| | |
|---|---|
| 策划编辑 | 陈佩钰 |
| 责任编辑 | 葛　超 |
| 责任校对 | 金　璐 |
| 封面设计 | 雷建军 |
| 出版发行 | 浙江大学出版社 |
| | （杭州市天目山路 148 号　邮政编码 310007） |
| | （网址：http://www.zjupress.com) |
| 排　　版 | 浙江大千时代文化传媒有限公司 |
| 印　　刷 | 杭州钱江彩色印务有限公司 |
| 开　　本 | 710mm×1000mm　1/16 |
| 印　　张 | 11.75 |
| 字　　数 | 193 千 |
| 版 印 次 | 2024 年 5 月第 1 版　2024 年 5 月第 1 次印刷 |
| 书　　号 | ISBN 978-7-308-24950-8 |
| 定　　价 | 88.00 元 |

# 前　言

习近平总书记指出:"全面建成小康社会,残疾人一个也不能少。"①发展特殊教育事业是从根本上实现残疾人共同富裕的一条重要途径。截至 2022 年底,我国持有残疾证的人口达 8591.4 万人(其中全国残疾人人口基础数据库入库持证残疾人 3780.7 万人),持证总数呈现逐年递增趋势,全国城乡持证残疾人就业人数达 905.5 万人②。随着人口老龄化、工业化、信息化和城镇化的进程,残疾人口的数量和结构还将发生变化。残疾人受教育程度偏低,就业水平和质量不高;医疗、康复和照护等经济支出压力大;残疾人家庭低收入、高支出的特点明显,极易致贫返贫,有近 40% 的残疾人家庭处于低收入状态;残疾人事业发展区域不平衡,与经济社会平均发展水平的差距仍然较大。因此,残疾人事业全面发展任重道远。

2022 年,全国共有特殊教育普通高中(部、班)118 个,在校生 11431 人,其中听障学生 6506 人、视障学生 1736 人、其他 3189 人。残疾人中等职业学校(班)184 个,在校生 19014 人,毕业生 5157 人,毕业生中 1473 人获得职业资格证书;高等教育阶段,招收 30035 名残疾学生,其中高职(专科)17644 人,本科生 10703 人,硕士生 1520 人,博士生 168 人③。近年来,越来越多的残疾人获得接受高等教育的权利和机会,通过特殊高等职业教育,实现较为充分、较高质量的就业。

---

① 习近平:全面建成小康社会,残疾人一个也不能少[EB/OL].(2016-07-29)[2023-12-31].https://www.gov.cn/fuwu/cjr/2016—07/29/content_5124019.htm.

② 2022 年残疾人事业发展统计公报[EB/OL].(2023-04-06)[2023-12-31].https://www.cdpf.org.cn/zwgk/zccx/tjgb/4d0dbde4ece7414f95e 5dfa4873f3cb9.htm.

③ 2022 年残疾人事业发展统计公报[EB/OL].(2023-04-06)[2023-12-31].https://www.cdpf.org.cn//zwgk/zccx/tjgb/4d0dbde4ece7414f95e 5dfa4873f3cb9.htm.

　　近年来,平台经济、社群经济、共享经济等类型的数字经济崛起,使职业的数字化转型成为学界分析残疾人就业形态变迁的重要视角。数字经济在制造职业体验和自我生产两方面表现出明显的特点。一方面,在时间同步、空间缺席的场景中,数字经济相关职业不仅提供了区别于传统经济的现场感,而且营造了一种日常生活中难以获取的快感和体验。另一方面,与线下职业相比,数字经济有利于打造独特的"人设"与自我品牌,且数字经济创造的职业岗位充分发挥了展演性功能,引导劳动者更为充分地拥抱新型劳动价值和市场规则,以此构建适应数字经济的进取型"自我",完成自我和职业的双重生产。面对这一社会事实,特殊高等职业教育院校亟待作出回应,密切关注不断更新的劳动形式。自 20 世纪 90 年代以来,残疾人职业发展不断涌现出"星巴克式""麦当劳式""融爱星式"的程式化现象,不仅折射出残疾人就业模式的变革,而且反映了全球化背景下劳动方式的变迁。对此我们迫切地需要回答:一是全球市场与本土社会的残疾人的劳动形态将如何作用,以及这些作用对残健融合的社会环境、教育需求、残疾人的社会心态和创业就业规划将造成怎样的深刻影响? 二是基于残疾青年就业创业需求和劳动环境的重构,国家在高等教育,尤其是高等职业教育阶段应如何创新服务供给?

　　在未来一段时间内,新产业、新消费、新媒体、新场景之间的叠加形式会更加多元复杂,新的职业和劳动形态必将更为频繁地出现。在此背景之下,特殊职业教育院校亟待通过提供精准的职业教育服务,促进残健学生群体在自我与职业两方面实现双重生产,使其成为数字经济、共同富裕建设的新力量。

　　关于特殊职业教育的内涵,有学者认为:特殊职业教育是以有掌握技能需要的残疾人为教育对象,经过系统的知识技能教育与职业技能培训使其获得某种职业或生产劳动所需要的职业知识、技能和职业道德的教育①。作为一个建立在教育学、心理学、生物学、生态学、经济学等学科基础上的理论性和应用性都非常明显的交叉领域,特殊职业教育在本质上是一门多元融合的学科。现有特殊职业教育院校从层次上来看,主要分为基础教育和高等教育,基础教育以幼儿教育(一般为 3—5 岁)、义务教育(一般为 6—15 岁)、高中

---

① 黄宏伟,刘晓,等.特殊职业教育导论[M].杭州:浙江大学出版社,2023:66.

教育(一般为 16—19 岁)①一贯制学校为主,高等教育以独立设置的高等专科学校为主。本书所探讨的特殊高等职业教育院校指狭义的面向残疾人、面向残疾人事业独立设置的高等职业教育院校。面向残疾人,即面向听障、视障、肢残、多重残疾等群体开设相关专业;面向残疾人事业,即面向健全群体开设特殊教育(师范)、学前教育(师范)、智慧健康养老服务与管理、电子商务等相关专业。本书以自我和职业发展为视角,梳理特殊高等职业教育发展的时代价值、逻辑起点,全面分析特殊高等职业教育院校创新发展过程中的人才培养模式、就业支持体系、校园文化生产、话语体系构建、职业探索等,并将特殊高等职业教育院校置于城市高质量发展的大背景下,探讨教育空间与教育实践的有效互动、城市发展与无障碍建设的有机关联,以期获得对于特殊高等职业教育院校可持续发展的有益经验。希望本书的出版对构建现代特殊职业教育体系尽到绵薄之力,起到抛砖引玉的作用,同时也希望特殊职业教育领域、高等职业教育领域的专家学者提出批评和建议。

---

①　关于基础教育的定义、范围和阶段[EB/OL].(2007-04-19)[2023-12-31].http://www.moe.gov.cn/jyb_hygq/hygq_zczx/moe_1346/moe_1352/tnull_21654.html.

# 目　录

# 第一章 时代价值:新时代残疾人社会融合与职业教育概述

2023年9月,中国残疾人联合会第八次全国代表大会指出"要坚持以习近平新时代中国特色社会主义思想为指导,全面贯彻落实习近平总书记对残疾人事业发展作出的重要论述和重要指示批示精神,牢牢把握平等、融合、共享的价值导向,牢牢把握推进残疾人事业现代化的历史使命,牢牢把握推进残疾人共同富裕的目标任务,促进残疾人事业全面发展"。从"平等、参与、共享"发展为"平等、融合、共享"的价值导向,体现了残疾人发展观从"残疾人单向度参与社会活动"向"残疾人、健全人双向融合"重要内涵的转变。特殊职业教育植根于残疾人社会融合的时代背景中。本章以自我与职业双重生产为研究视角,系统阐述我国残疾人社会融合理论与实践,充分借鉴国外青年助残项目等残疾人教育机会与社会融入案例,为职业性、教育性兼具的特殊高等职业教育院校创新发展提供理论基础。

## 第一节 残疾人社会融合的理论与实践

### 一、新时代我国残疾人社会融合的思想溯源

党的二十大报告指出:"中国式现代化是全体人民共同富裕的现代化。共同富裕是中国特色社会主义的本质要求,也是一个长期的历史过程。"① 做好残疾人工作,发展残疾人事业,促进残疾人共同富裕,是我国社会主义制度

---

① 习近平.高举中国特色社会主义伟大旗帜 为全面建设社会主义现代化国家而团结奋斗——在中国共产党第二十次全国代表大会上的报告(2022年10月16日)[M].北京:人民出版社,2022:22.

的必然要求。2021年8月,中国残联出台《关于支持浙江残疾人事业高质量发展促进残疾人共同富裕的实施意见》,支持浙江省在共同富裕示范区建设中先行先试,促进残疾人全面发展和共同富裕。近年来,我国残疾人事业蓬勃发展,残疾人权益保障制度不断完善,残疾人的社会融合取得很大进展。学者从深刻理解和运用马克思主义思想的精华、立足于中华优秀传统文化、吸收西方哲学思想中可借鉴的资源等三方面深刻理解我国残疾人社会融合的思想渊源①,在以马克思主义思想为指导的基础上,融贯中西优秀思想文化资源,为更好地推动残疾人的社会融合奠定坚实的思想基础。

从马克思主义思想来看,残疾人的社会融合是理论逻辑和实践逻辑相结合的必然要求。辩证唯物主义指出,普遍联系是社会生活中的基本准则。社会融合充分体现了普遍联系的观点。残疾人作为社会成员的组成部分,与社会其他群体处于普遍联系之中,推动其社会融合,就是创造条件,消除社会对残疾人融入社会的各方面障碍,使之平等参与社会生活。实践唯物主义以实践为基本观点,阐释了实践是认识的基础和来源,认识随着实践的发展不断深化。我国社会对残疾人的认识经历了一个逐步深化的过程。最开始的感性认识是把残疾人当作需要救济的对象,重点关注其医疗服务与救助、贫困救助与扶持、辅助器具、康复训练与服务、生活服务等需求②,随着实践的发展,逐渐深入理解残疾人作为权利主体的主体性,更加关注残疾人在赋权增能、分配正义、政治参与、社会融合、精神文化等方面的发展期望,残疾人从原先的"救济对象"转变为"权利主体",这一认识的转变更接近残疾人社会融合的本质规定性。从社会融合的角度促进残疾人发挥自身的主观能动性,将"每个人的自由发展是一切人的自由发展的条件"③规定为人之为人的真正权利,符合残疾人自身利益和发展规律,对于保障残疾人的政治经济文化权利,帮助他们融入社会,实现其全面而自由的发展,具有重要意义。

从中华优秀传统文化看,促进残疾人的社会融合有积极的世界观、天下

---

① 叶静漪,苏晖阳.新时代我国残疾人社会融合问题研究[J].人口与发展,2021(1):3-15.

② 中国残疾人联合会残疾人事业发展研究中心,残疾人事业发展研究会.中国残疾人发展与社会进步年度纵览(2023)[M].北京:求真出版社,2023:26.

③ 马克思,恩格斯.马克思恩格斯选集第1卷[M].北京:人民出版社,1995:294.

观、伦理观和价值观支撑。春秋战国时期的《周礼》《管子》《礼记》中有关于"问疾""宽疾"和"养疾"等的详细记载。《周礼》记载了夏商周宫廷专门设置盲人乐官瞽矇、史官瞽史等残疾人职事；《庄子》通过刻画许多残疾人形象展现人的自然性，认为形体残缺与否与德行完不完美无关；《礼记》描述"鳏寡孤独废疾者皆有所养"的大同社会理想情景。儒家将"仁"作为人的本质规定，孟子在对"仁"的思考中发现了人性内在的"恻隐之心"，并认为人的恻隐之心作为仁之发端，自发推动着人去关爱他人，守望相助。这种互助的过程就是推进残疾人社会融合必不可少的交往条件。与此同时，儒家"仁爱"的思想不仅体现在"爱人"，更是具有自反性的"自爱"，即在实现自我价值的目标意义上，每个人都是具有无限可能的行动主体，残疾人的志向、目标、梦想一样值得全社会给予支持，社会应为包括残疾人在内的每一个人提供自我实现的平等机会。孔子"有教无类"的教育思想影响了后世几千年。残疾人和健全人一样，拥有平等的受教育的机会和权利。推动残疾人在教育方面的社会融合，能够为其他领域的社会融合奠定坚实的基础。除此之外，从上古尧帝到青铜时代，国家便有对于社会特殊群体的关注和扶持。春秋战国时期对残疾人实施居养政策，收养残疾人，负责其起居饮食，并在徭役、赋税方面减免残疾人义务。战国初期，墨子提出"兼相爱，交相利"主张，社会的和谐需要全体成员相互之间的"兼爱"。这意味着每个人都是作为平等的主体而与他人交往，本质上是通过制度建设促进包含残疾人在内的各个群体更好地参与社会政治经济生活。唐代设有"悲田养病坊"，旨在救助老幼废疾无依无靠者。宋代大儒朱熹于乡里建立社仓，以弥补官方赈济之不足。以上蕴含着正面价值的文化传统，为残疾人社会融合提供了极为重要的精神养分和思想底蕴。

从西方哲学思想中可借鉴的资源来看，西方思想家很早便从社会共同体的角度去看待特殊群体。柏拉图在《理想国》中指出，理想国并不是为了某一个阶级的幸福而单独存在的，其目的是要实现全体人民的最大幸福。这意味着需要从总体性的视角去平等看待社会中的每一个成员，每个人作为社会共同体的一员，实现自我的社会融合与帮助他人实现社会融合是相统一的。亚里士多德将人性论的规定和社会共同体的属性相关联，认为善是人类的自然本性和发展目的，个人对于"善"的追求与城邦的"共同善"是协调一致的，个人需要在共同体之中追求城邦的整体幸福。这提醒我们要在共享的理念中去与他人相处，并为每个社会成员提供平等的发展空间，由此才能实现社会融合。

长期以来,以习近平同志为核心的党中央始终高度重视残疾人事业,为残疾人社会融合提供了坚强的组织保障和各方面支持。习近平总书记指出,"残疾人是一个特殊困难的群体,需要格外关心、格外关注。让广大残疾人安居乐业、衣食无忧,过上幸福美好的生活,是我们党全心全意为人民服务宗旨的重要体现,是我国社会主义制度的必然要求"①。回望残疾人社会融合的历史、对标残疾人共同富裕的时间表,站在中国式现代化的全局高度,为残疾人提供更加广阔的发展空间,为残疾人创造"平等、融合、共享"的社会生活,是新历史起点上的新任务。

## 二、我国残疾人社会融合的现状

### (一)法律法规已实现基本覆盖

完善的法律法规体系是实现残疾人公民权利的有力保障,也是推进和落实各项残疾人社会融合工作的必要前提。党的十一届三中全会后,我国的残疾人事业率先对外开放,在学习互鉴中不断融入国际残疾人运动潮流。从20世纪80年代跟进接受联合国《关于残疾人的世界行动纲领》,到21世纪初参与制定联合国《残疾人权利公约》,再到推动联合国确立《2030可持续发展议程》残疾人发展目标,我国在世界残疾人发展领域发挥着重要的引领作用②。现阶段,国际残疾人运动分化持续、边缘化明显,不同发展程度的国家和地区关注的议题不尽相同。就我国而言,残疾人法律法规体系主要包括以下几个部分:一是主体法律;二是在具体领域对残疾人权益实施保障的法律、行政法规;三是其他规章、规范性文件、地方性法律法规中与残疾人权益保障有关的内容。残疾人权益保障的主体法律是1990年颁布的《中华人民共和国残疾人保障法》(简称《残疾人保障法》)(2008年修订、2018年修正)。在具体领域中对残疾人权益实施保障的行政法规包括1994年颁布的《残疾人教育条例》(2017年修订)、2007年颁布的《残疾人就业条例》和2017年颁布的《残疾预防和残疾人康复条例》(2018年修正)等。在其他重要法律、规范中也都有涉及残疾人权利保障的具体规定,《中华人民共和国民法典》(简称《民法典》)更是

---

① 习近平致信祝贺中国残疾人福利基金会成立30周年[N].人民日报,2014-03-22(1).

② 厉才茂.残疾人事业现代化的主要内涵与实现路径[J].残疾人研究,2023(3):6.

主导性地构建了我国残疾人民事权利保护的制度体系,以实现残疾人与其他公民在民事法律关系中的平等地位[①]。

总体来说,我国在残疾人总体制度建设方面已经基本实现了从"概括地指向残疾人权益"到逐步覆盖残疾人就业、教育、社会保障、社会福利、医疗康复等各领域、全方位的法律体系;从只有在法律和行政规章层面对残疾人权益作出的总体性、原则性的规定,到地方性法律法规、政策对残疾人权益进行因地制宜的规定的具体化的巨大进步。同时,国务院残疾人工作委员会、中国残疾人联合会为残疾人事业的发展提供了坚强的组织保障和事业支撑,我国还尝试在法律实施过程和具体司法实践中,积极推动残疾人权益保障落到实处。

我国虽然已经初步建立起较为完备的有关残疾人权益保障的法律法规体系,但通过对主要条文的分析可以发现,现阶段我国对残疾人提供的制度保障并不是通过确定的权利义务关系来明确参与残疾人权益保障工作主体的责任,一定程度上缺乏可执行力,残疾人的权益难以得到有力的保障。此外,我国法律法规仍相对注重"扶弱"和"助残",在为残疾人社会融合创建无障碍环境、提供残疾人发挥个体潜能平台等方面还存有提升空间。

(二)刚性环境建设:设施建设与信息通达

建设适合残疾人生活的无障碍设施,是从物质层面为残疾人去除障碍,为其平等享有生存权与发展权提供基本前提。我国自 1989 年颁布实施《方便残疾人使用的城市道路和建筑物设计规范(试行)》(JGJ50—88)以来,相继制定了《无障碍设计规范》(GB50763—2012)、《无障碍设施施工验收及维护规范》(GB 50642—2011)等国家标准;发布实施了《城市公共交通设施无障碍设计指南》(GB/T 33660—2017)、《公共信息图形符号 第 9 部分:无障碍设施符号》(GB/T 10001.9—2021)等国家标准。国家民航、铁路、工业和信息化、教育、银行等主管部门分别制定实施了民用机场旅客航站区、铁路旅客车站、网站及通信终端设备、特殊教育学校、银行等行业无障碍建设标准规范。2012年,国务院颁布《无障碍环境建设条例》,"平等、融合、共享"的无障碍理念逐

---

[①] 王治江.实现平等:《民法典》保障残疾人权益的基本理念与价值追求[J].残疾人研究,2020(3):3.

步深入人心,以物质环境、信息交流、社区服务无障碍为主的公共场所无障碍环境建设工作快速推进。2023 年 6 月全国人大常委会颁布的《无障碍环境建设法》,从国家立法层面推进无障碍环境建设治理体系和治理能力现代化,服务于各类残疾人(包括视力残疾、听力残疾、言语残疾、肢体残疾、智力残疾、精神残疾和多重残疾等 7 类)、老年人等群体,也服务于行动不便的群体,如病人、孕妇及儿童,以及情境性障碍人群。《无障碍环境建设法》在立法目的中明确"保障残疾人、老年人平等、充分、便捷地参与和融入社会生活,促进社会全体人员共享经济社会发展成果",在适用范围中规定"残疾人、老年人之外的其他人有无障碍需求的,可以享受无障碍环境便利";系统地规定了无障碍设施建设、改造、维护和管理的相关制度,如对家庭无障碍设施改造、老旧小区既有多层住宅加装电梯等问题作出专门规定;丰富无障碍信息交流内容,如鼓励地图导航定位产品逐步完善无障碍设施的标识和无障碍出行路线导航功能等;扩展无障碍社会服务范围;健全无障碍环境建设保障机制,全面推进无障碍环境建设走上法治轨道。

(三)柔性环境创造:融合发展与社会语境构建

社会支持是影响残疾人社会融合的最重要的外部因素。社会支持是指个体在社会生活中可以获得的资源支持,这种支持来自他人、群体或其他社会环境。有学者将社会支持分为情感性支持(如同情、关爱等)和物质性支持(如家务劳动、财务支持等),此外,社会支持还可以分为感知支持和实际支持两个方面。前者是指当需要帮助时,个体感知到的可获得性支持,后者则是指个体实际可得到的支持[①]。残疾人社会融合是自我与职业双重构建的过程,社会为残疾人营造平等和融洽的社会环境,也要求残疾人在社会生活中持有融入社会的积极意识。健全、丰富的特殊教育是残疾人提升自我能力的必要基础,广义的特殊教育指所有残疾人都能够完全融入普通的教育系统,包括接受高等教育、职业教育、成人教育乃至实现终身学习[②]。特殊教育作为残疾人社会融合的重要组成部分,是残疾人能够真正"活出精彩人生"的重要保障。

---

① Lin N, Dean A, Ensel W. Social Support, Life Events and Depression[M]. New York: Academic Press, 1986.

② 吴文彦,厉才茂.社会融合:残疾人实现平等权利和共享发展的唯一途径[J].残疾人研究,2012(3):37.

近年来,我国特殊教育的受重视程度不断提高,特殊教育经费不断增长,其增长率高于教育经费总投入的增长率。2022 年,高等教育阶段的学校共招收 30035 名残疾学生,其中高职(专科)17644 人,本科 10703 人,硕士生 1520 人,博士生 168 人①。但鉴于特殊教育推进的特殊性,其发展也存在着相应的问题。例如,特殊教育建设参与主体较为单一,不能充分发挥社会主体的力量,家庭教育、学校教育、社会教育的配合度较低;教育教学方法、管理模式的规范过于笼统,缺少细化规定,难以适应新时代残疾人社会融合的新要求,等等②。

对此,国家出台的相关制度文本对我国特殊教育制度体系作出了有效的补充,且为残疾人获取公共信息提供便利也是《残疾人保障法》所规定的"政府责任"③。《"十四五"特殊教育发展提升行动计划》(国办发〔2021〕60 号)提出了"拓展学段服务、推进融合教育、提升支撑能力"④的特殊教育发展基本思路。《"十四五"残疾人职业技能提升计划》提出"支持普通职业院校招收具有接受普通教育能力的残疾学生。支持有条件的特殊教育学校单独或与职业院校合作开展特殊高等职业教育。支持社会力量开展特殊高等职业教育和培训"⑤。总体来看,虽然当前公众对残疾人社会融合的认知程度一般,但近年来法律法规的普及、教育水平的提升,有利于残疾人实现更充分的社会融合效果。随着残疾人社会融合的推进,融合教育进入了发展改革的深水区,不仅聚焦于义务教育阶段,而且认识到形成学前教育到高等融合教育完整体系的重要性。我国融合教育正从传统的缺陷补偿转变为现代的支持与服务,从个案经验的摸索逐渐上升到理论架构的梳理,零碎的管理措施逐渐整合为

① 2022 年残疾人事业发展统计公报[EB/OL].(2023-04-06)[2024-02-27].https://www.cdpf.org.cn/zwgk/zccx/tjgb/4d0dbde4ece7414 f95e5 dfa4873f3cb9.htm.

② 吴琼星,庞文.发展型残疾人教育政策:理论构建与实践理路[J].襄阳职业技术学院学报,2020(5):43-47.

③ 叶静漪,苏晖阳.社会法转型与进路研究[J].北京大学学报(哲学社会科学版),2020:124.

④ 国务院办公厅关于转发教育部等部门"十四五"特殊教育发展提升行动计划的通知[EB/OL].(2021-12-31)[2023-12-31].https://www.gov.cn/gongbao/content/2022/content_5674303.htm.

⑤ "十四五"残疾人职业技能提升计划[EB/OL].(2022-03-15)[2023-12-31].https://www.cdpf.org.cn/zwgk/zcwj/wjfb/81ffe97ef4be4cb0b12 eb5febbb84b69.htm.

顶层的政策设计。

### 三、国外残疾人社会融合的理论与实践

#### (一)国外残疾人社会融合理念的内涵

社会融合源于欧洲学者对于社会排斥的研究。国外社会融合的概念及其理念定义,自20世纪初就已在自杀现象的相关研究中明确出现[①],后逐渐延伸至流动人口、移民、婚姻家庭等相关的研究之中。有学者提出社会融合的核心是感知融合,重点观测包括某个个体在某一群体中的归属感以及作为该群体成员的精神感受[②],也有学者从社会心理学的层面进行研究,称之为"使成员留在他们所在的群体中的力量"[③],主要关注使某个群体关系维系和延续的主观驱动力。后来其关注的侧重点从原因机制转向结果变量,将其定义为"所有使得群体成员留在群体中的力量的结果"。1995年在欧盟及地中海国家间启动的"巴塞罗那进程"提出要"统筹社会经济的发展与弱势群体的融合"。

随着应用范围的扩大,国外开始有学者以社会融合相关理论作为基础,逐步延伸到残疾人社会融合的相关话题。米歇尔·奥利弗、鲍勃·萨佩做了关于社会排斥和残疾人关系的研究,阐述了社会因素导致残疾人权利实现难度增加,个体型残疾向社会型残疾转变[④]。斯梅尔赛等提出,社会融合是处理某一个社会单元中个体或集体行动者的社会联系和互动的范围、频率和效果(如认同感等)的问题,该概念可以依据研究对象和研究角度应用于包含残疾人在内的不同层次的社会单元、群体或组织[⑤]。此外,不需要改良或者特别设计的通用设计(universal design)替代了无障碍设计(barrier-free design),将服务对象从残疾人扩大至所有人,可以为所有人在最大程度上提供便利。这

---

① Durkhiem E. Suicide[M]. London: Routledge,1951:202.

② Hoyle B R H. Perceived cohesion: a conceptual and empiricalexamination[J]. Social Forces,1990,69(2):479—504.

③ Festinger L. Informal social communication[J]. Psychological Review,1950,57(5):271.

④ Oliver M. Social work: disabled people and disabling environments [J]. International Journal of Rehabilitation Research,1992(2):184.

⑤ Smelser N,Baltes P B. International Encyclopedia of the Social and Behavioral Sciences[M]. Cambridge,UK:Cambridge University Press,2001:9463-9468.

不仅具有里程碑的意义,也被多国的主流民意和立法所接受。这类相关研究涉及对残疾人社会融合的较为基础性的研究与分析,但如今社会较之以往有了许多转变,学界缺乏对于新形势下残疾人社会融合的研究。

公平正义是包括残疾人在内的每个人的共同追求。从罗尔斯的正义理论看,我们不仅要承认和贯彻平等自由原则、机会公平原则,更重要的是要充分承认差别原则的合理性,即社会制度应当尽可能维护最少受惠者的最大利益①。单就教育领域的残疾人社会融合而言,需要我们思考的便是一方面要保障"起点公平",确保残疾人可以享有平等的受教育权;另一方面,要逐步发展到"追寻差异性公平",关注残疾人个体的学习需求和需要,尊重个体多样性。总之,我们不能抽象地和形式地去思考残疾人的社会融合②,而应当设身处地地站在其立场上,在各个方面有针对性和切身性地助力其实现社会融合,从而达到实质正义。

(二)受教育机会、工作环境与社会融入:国外助残项目的发展特点与借鉴

国外青年助残项目是对残疾青年社会融合的一个重要探索,向强调青年人的受教育机会和社会融入转化。主要体现在资助残疾青年上学、学校和工作场所的软硬件环境改善、利用金融手段增加残疾青年的受教育机会、治疗妨碍社交的残疾以及利用体育活动促进残疾青年的社会融入等方面。

增加受教育机会是青年助残项目的首要目标。近些年来,西方发达国家的助残政策发生了较大的改变和调整,从强调直接给予资助以改善残疾人的生活条件到设法提高残疾人的生存能力,使其能主动面对社会,为社会作出贡献并获得回报,即"赋能"。在这一政策导向的影响之下,针对残疾青年的助残项目因此有了较大的改观,提高残疾青年的就业能力以及应对社会变化的能力成为助残项目的主要诉求。残疾青年的教育一直是美国政府助残政策的重要方面。为了有效增加残疾青年的受教育机会,美国政府制定颁布了两部重要法律,即1973年的《残疾人康复法》和1975年的《残疾人教育法》。《残疾人康复法》的第504条就残疾人的权利作出专门规定:残疾人在教育上

---

① 罗尔斯.正义论[M].何怀宏,何包钢,等,译.北京:中国社会科学出版社,2009:237.
② 叶静漪,苏晖阳.新时代我国残疾人社会融合问题研究[J].人口与发展,2021(1):3-15.

享有与普通人完全相同的权利。《残疾人教育法》是针对残疾人教育作出的专门规定，其原名为《残疾儿童教育法》。该法主要适用于年龄在21岁以下的残疾青年，属联邦法，并不需要各州的参与，有着较高的法律效力。该法要求各个公立学校设计适合的教育体系，以帮助残疾青年完成高中阶段以及大学阶段的教育，与教育有关的许多资助项目受到此部法律的管辖。为了改善残疾青年的教育状况，加拿大近年来设置了有关残疾人就业市场协议的助残项目，如"融入工作场所的伙伴计划""为融入工作做好准备""青年与未来"①，加拿大政府每年为这些项目提供22200万加元的资助。这些项目要求省级地方政府必须增加残疾人的受教育机会，提升残疾人的就业率。这些项目通过与加拿大各地方政府签订协议，由该地方政府为残疾人提供教育和培训的机会。这些项目极大地促进了残疾人受教育水平的提高。根据协议，加拿大地方政府可以按照它们自己所在地区的需要来决定它们优先发展的教育培训方式和方法，以满足残疾人特别是年轻残疾人受教育以及就业的需要。地方政府必须从五个方面着手完成这类项目，其中最为重要的就是教育与培训以及通过教育与培训增加残疾青年的就业机会。地方政府必须认真履行协议的内容。这些项目有着严格的审计措施，地方政府最终需要证明利用这笔联邦政府的资金取得了良好的效果。采用协议的方式明确责任，这也是国外助残项目的一个特色。

改善工作条件和环境以帮助残疾人融入社会。英国是较早颁布残疾人保护法律的国家，在法律的规定之下，为了更好地实现增加工作机会、改善工作条件和环境的目标，许多项目试图在残疾人和企业之间架设一座桥梁，以促进双方的沟通和了解。英国商业领域残疾人论坛(The Business Disability Forum，简称 BDF)就是这样一个项目。该论坛的主要活动是评测企业和各种组织的软硬件环境，确定其对于残疾人是否友好。截至2023年底，论坛共有122个组织/部门、429个成员单位参与，评测活动向着多样化与专门化方向发展。2023年，该论坛设置了残疾人智能化奖项(Disability Smart Awards)，

---

① 夏扬.教育机会与社会融入：国外青年助残项目的发展特点与借鉴[J].中国青年研究，2015(4)：27.

包括 10 项残疾人智能化奖和 1 项终身成就奖①,用以表彰以智能化的无障碍设施消除障碍、改善残疾员工和消费者生活体验的组织,从而帮助企业和各种组织改进其工作或活动场所,更好地满足残疾人活动的要求。除此之外,论坛还提供企业工具包、审计、残疾人自我评估体系、手语全球指南、知识中心、咨询报告等服务。该论坛是英国最有特色的助残组织,在帮助残疾人融入社会方面影响显著。

## 第二节　残疾人就业研究概述

### 一、我国残疾人就业政策变迁历程、逻辑

习近平总书记指出:"就业是最大的民生。要坚持就业优先战略和积极就业政策,实现更高质量和更充分就业。"②以提供就业岗位为主要手段的残疾人保护性就业模式,对促进我国残疾人就业曾发挥过重要作用,其主要以集中就业、按比例就业、个体就业与自主创业三大模式为主。但从近些年我国残疾人就业的实际情况来看,集中就业和按比例就业两种形式在残疾人就业的安置能力方面陷入瓶颈。近年来,针对残疾人的歧视、偏见以及环境和制度等方面的社会性障碍,是阻碍残疾人就业的根本原因。有效消除残疾人就业的社会性障碍,才能进一步发掘保护性就业模式的政策潜力,才能最大程度地促进残疾人市场化分散就业规模的扩大,使残疾人就业彻底走出保护性就业模式的发展困境。

集中就业模式,与西方福利国家面向残疾人的保护性就业计划类似,即政府通过举办公益性企业、合作社,或以安排工作岗位为条件向第三方公益企业提供各种资助和政策支持,直接或间接地向残疾人提供保护性就业的模式。残疾人集中就业模式对政府的保护与支持政策具有较高的依赖性。集中就业政策变迁是政府基于保障残疾人享有与健全人同等的社会权利,结合社会经济发展现实进行适当调整的过程。新中国成立以来,我国残疾人就业

---

①　英国的商业领域残疾人论坛官方网站[EB/OL].[2024-02-27].https://businessdisabilityforum.org.uk/.

②　习近平.习近平谈治国理政第三卷[M].北京:外文出版社,2020:36.

在很长一段时间内以集中就业为主。围绕残疾人集中就业政策变迁这一议题,有学者以社会政策和福利制度发展为视角将1949—2007年残疾人集中就业政策划分为初步发展、制度化和持续调整三个阶段;有学者结合税制改革内容将1957—2011年残疾人集中就业政策划分为五个阶段;有学者依据政策主题、举措及适用范围等内容将1957—2017年残疾人集中就业政策划分为建立、发展、收缩和转型四个演变阶段;等等。在残疾人集中就业政策变迁逻辑的研究中,市场经济转轨、国家主导的福利模式转向福利多元主义的思潮,以及集中就业单位的先天缺陷等被认为是政策变迁的动力。郭俊华等基于间断—均衡理论分析框架,梳理了1956—2020年我国残疾人集中就业政策的变迁历程,从制度结构视角分析政策变迁的内在逻辑,认为我国残疾人集中就业政策经历了"保护扶持""放开搞活""放管结合"和"统筹完善"四个阶段①。在"保护扶持"的初步发展阶段(1956—1984年),残疾人集中就业的政策目标是保护和扶持福利企业初步发展,改革开放后,针对福利型企业在国民经济调整时期出现的问题,我国先后发布了《关于民政部举办的福利企业生产单位交纳所得税问题的通知》《国务院批转民政部关于保护和扶持社会福利生产的请示报告的通知》,形成了提供产供销渠道、资金支持和税收优惠等激励型政策工具。"放开搞活"的深化改革阶段(1985—2005年)始于20世纪80年代,当时,党的十二届三中全会通过的《中共中央关于经济体制改革的决定》拉开了我国从高度集中的计划经济体制向社会主义市场经济体制转变的序幕,以机构改革为主要内容的政治体制改革也随之同步进行。从1985年起,我国残疾人集中就业政策目标由"保护扶持"福利企业转向"放开搞活"福利企业,推进福利企业市场化改革,并形成了阶段后期以激励型、能力建设型、命令型政策工具对其进行不断调整的均衡变迁形态。在"放管结合"的转型调整阶段(2006—2015年),残疾人集中就业政策目标由福利企业的深化改革转向福利企业的私营化和"去特殊化",并形成了阶段后期以激励型政策工具为主、对福利企业进行"放管结合"的均衡变迁形态。随着福利企业大规模地私营化,政府不再直接颁布福利企业政策,而是将福利企业纳入集中就业单位发展中进行统一指导;政策文本中的"福利企业"概念也被"集中就业单

---

① 郭俊华,等.我国残疾人集中就业政策变迁历程、逻辑与展望[J].中国行政管理,2022(1):80-84.

位"所替代。在"统筹完善"的持续发展阶段(2016—2020年),2016年,为了持续深化行政审批制度改革、大力推进简政放权,同时也为了适应残疾人就业税收优惠政策改革的客观需要,民政部发布《民政部关于做好取消福利企业资格认定事项有关工作的通知》,取消福利企业资格认定事项。这一政策意味着福利企业认定制度的终结,自此,残疾人集中就业政策目标转向对福利企业、工疗机构等多种集中就业单位进行统筹管理,通过税收优惠、政府采购等激励型政策工具,响应了集中就业单位的发展需求,不断完善促进集中就业单位持续发展的政策体系。梳理残疾人集中就业政策文本和分析残疾人集中就业政策变迁历程的结果显示,我国残疾人集中就业政策在变迁过程中受到政治经济体制改革、中央和地方政府创新、政策性社会问题生成等因素驱动,这些因素导致制度结构发生变化,进而推进福利企业发展等相关政策议题进入宏观政治系统,催生政策发生变迁。

按比例就业,也称为就业配额制度,在欧洲国家有着十分悠久的历史,最早可以追溯到第一次世界大战时期。受战争的影响,各个国家都产生了数量庞大的受伤残疾士兵,其再就业和生活都没有了保障。因此,在1920年欧洲各国的政府联合会议上,各个国家达成一致,通过了针对伤残退伍军人的配额工作建议,强制要求公共部门和私营部门按照法律要求聘用伤残退伍军人。到第二次世界大战时期,配额制度慢慢发展至成熟,其覆盖范围由最初的伤残退伍军人扩大到所有残疾人士,成为一项针对所有残疾群体的一般性福利政策。在我国,按比例安置残疾人就业,指依据国家法律规定,用人单位(包括国家机关、社会团体、企事业单位和民办非企业单位)应按照规定比例安排残疾人就业,并为其选择适当的工种和岗位。省、自治区、直辖市可以根据实际情况规定具体比例。2022年9月19日,浙江省委组织部、省委编办、省人力社保厅、省国资委、省残联等5部门联合印发了《浙江省机关、事业单位、国有企业带头安排残疾人就业实施办法》,共6章28条,在总结浙江省工作经验的基础上,以规范机关、事业单位、国有企业通过公开录用、遴选、选调、公开招聘等方法安排残疾人就业相关程序为重点,进一步从制度上对残疾人招录(聘)计划、考试、体检考察、公示监督等环节作出了更具操作性的规定,包括到2025年,省级、市级政府残疾人工作委员会(简称残工委)成员单位、其他编制50人(含)以上的省级、市级机关和编制67人(含)以上的各级事业单位(中小学、幼儿园除外),至少安排1名残疾人就业,并要求县(市、区)加强统筹。在机关、事业单位中有一定数量的岗位用于残疾人就业,属于按比例安置残疾人就业的一种。

残疾人个体就业与自主创业,指残疾人从事独立的生产、经营活动,取得劳动报酬或经营收入。这种市场化的分散就业形式,能够使残疾人发挥个人专长,找到最适合自己的就业方式,是残疾人就业的重要途径。国务院 2007年发布的《残疾人就业条例》(国令第 488 号)规定,国家鼓励和扶持残疾人自主择业、自主创业,对残疾人从事个体经营依法给予税收优惠,并按规定减免管理类、登记类和证照类的行政事业性收费。此外,残障社会模式成功地将对残障问题的关注焦点,从残障者的个体因素转移到了社会的结构性因素之上,为残疾人个体就业与自主创业提供了良好的社会环境。

**二、数字经济背景下残疾人就业模式的转变**

习近平总书记指出:"数字经济发展速度之快、辐射范围之广、影响程度之深前所未有,正在成为重组全球要素资源、重塑全球经济结构、改变全球竞争格局的关键力量。"①数字经济的发展,为残疾人就业模式的变化带来契机。原有的残疾人就业模式即集中就业、按比例就业和自主就业逐渐与现代残疾人职业发展要求产生差距。

从 2017—2023 年中国城乡持证残疾人各渠道就业人数的变化来看(见表1-1),我国残疾人就业结构稳定,按比例就业人数占比保持在 10% 左右,集中就业人数占比保持在 3% 左右。近年来,灵活就业的人数稳中有增。以数字经济为依托,我国出现了一系列新型残疾人就业模式的萌芽。有别于传统典型的就业形式,新型就业模式也被称为"非正规雇佣""非典型就业""灵活就业"等,一般可以概括为多方参与保护性就业、居家无障碍就业、多元化形式就业三种模式。

---

① 习近平.习近平谈治国理政第四卷[M].北京:外文出版社,2022:204.

表 1-1 2017—2023 年中国城乡持证残疾人各渠道就业人数统计①

单位:万人

| 年度 | 持证残疾人就业总人数 | 就业渠道 | | | | | | |
|------|----------|------|------|------|------|------|------|------|
| | | 按比例就业 | 集中就业 | 个体就业 | 公益性岗位就业 | 辅助性就业 | 灵活就业(含社区、居家就业) | 从事农业种养 |
| 2017 | 942.1 | 72.7 | 30.2 | 70.6 | 9.0 | 14.4 | 272.7 | 472.5 |
| 2018 | 948.4 | 81.3 | 33.1 | 71.4 | 13.1 | 14.8 | 254.6 | 480.1 |
| 2019 | 855.2 | 74.9 | 29.1 | 64.2 | 14.4 | 14.3 | 228.2 | 430.1 |
| 2020 | 861.7 | 78.4 | 27.8 | 63.4 | 14.7 | 14.3 | 238.8 | 424.3 |
| 2021 | 881.6 | 81.8 | 26.8 | 63.5 | 14.8 | 14.3 | 250.3 | 430.1 |
| 2022 | 905.5 | 86.7 | 26.0 | 64.1 | 17.9 | 15.2 | 265.6 | 430.0 |
| 2023 | 906.1 | 89.0 | 24.6 | 62.8 | 17.8 | 15.8 | 273.0 | 423.1 |

① 历年中国残疾人事业发展统计公报[DB/OL].(2024-04-18)[2024-04-18]. https://www.cdpf.org.cn/zwgk/zccx/tjgb/index.htm.

15

一是多方参与保护性就业模式。多方参与保护性就业模式通常被称作支持性就业模式，其参与主体包括残联组织、各基层政府、就业辅导员、企业、残疾人及其家庭等，具备"安置—培训—支持"的特征。该模式下，多方介入主体休戚相关，合力加强对残疾人就业的帮扶保障。以浙江省杭州市弯湾托管中心为例，这是一家由重度智障孩子的家长成立的社会企业，从2014年创办至今，业务从洗车拓展到书屋、便利店、无人超市、保洁服务队等各类残疾人就业场景。2022年，在民政部中民社会救助研究院的帮助下，弯湾托管中心编撰完成了《心智障碍青年能力发展机构管理手册》以及配套的4本《弯湾爱生活》服务手册。在服务残疾人就业的基础上，建立了一套托管机构发展示范性标准，使更多的残疾人服务机构管理人员有更清晰的管理方向、更规范的管理措施、可参考的管理指引，同时有效地传递机构理念与价值观，重视生命的尊严，关注自我与职业之间的相互影响。

二是居家无障碍就业模式。通俗地说，互联网居家就业是残疾人在自己家中完成相应的工作，已初步形成"技能培训＋政策扶持""服务平台＋招聘会/示范基地""政府购买＋电商服务"三种具有普遍意义的经验模式。以互联网技术为支撑的居家无障碍就业模式不仅扩大了残疾人工作渠道，而且由于残疾人自身障碍类型及等级造成的岗位限制在逐渐缩小甚至消失，残疾人也不再局限于重复和枯燥的固定岗位机械式体力劳动形式，而转向无障碍、灵活的智慧型就业方式。为帮助残疾人实现居家无障碍就业，2020年，浙江省台州临海市依托省多网打造"临掌柜"残疾人电商助残创业就业平台，推出"公司＋孵化基地＋平台＋残疾人创业者"模式，通过"临掌柜"平台开发，实现公司带基地、基地带残疾人，让符合就业年龄段的残疾人和残疾人家属参与基地孵化培训，免费入驻"临掌柜"APP。同时，平台所有商品由省多网免费提供，无须个人进货囤货，售后物流服务由平台负责送货到家，产品利润的80％归残疾人所有，并做到单单结算。截至2022年9月，线下设有55家"临掌柜"便利店和183家提货点，线上平台总销售额达800多万元，月均收益1000元以上88人，500元以上157人。

三是多元化形式就业模式。多元化形式就业模式因其活动主体不同，可以划分为"线上＋线下"就业模式、"创业＋就业"模式、"群体＋个体"就业模式、"全职＋半全职"就业模式。2022年3月，《国务院办公厅关于印发促进残疾人就业三年行动方案（2022—2024年）的通知》提到的"实施民营企业安排残疾人就业行动,开展民营企业助力残疾人就业活动,组织一批头部平台、电商、快递等新就业形态企业对接残疾人就业需求,每年开发一批岗位定向招聘残疾人"①即属于多元化形式就业模式的范畴,这类就业模式是各种就业形式的统称,具备就业方式灵活、形式多种多样、岗位选择多元化、自主性强等特征。

### 三、数字经济背景下残疾人就业过程中的双重生产:自我与职业

近年来,平台经济、共享经济和数字经济的崛起,令职业的数字化转型成为学界分析残疾人就业形态变迁的重要视角。数字经济在职业体验和自我再生产两方面表现出明显的差异。一方面,在时间同步、空间缺席的场景中,数字经济相关职业不仅提供区别于传统经济的现场感,而且提供了一种日常生活中难以获取的快感和体验。另一方面,与线下职业相比,数字经济有利于开发独特的"人设"与自我品牌,而且数字经济创造的职业岗位充分发挥了展演性功能,引导劳动者更为充分地拥抱新型劳动价值和市场规则,以此构建出适应数字经济的进取型"自我",从而完成"自我和职业的双重生产"。

这一社会事实,亟待残健融合型高等院校尤其是职业性较强的高职院校作出回应。一是密切关注不断更新的劳动形式。自 20 世纪 90 年代以来,残疾人职业发展不断涌现出"星巴克式""麦当劳式""海亮融爱式"的程式化现象,不仅折射出残疾人就业模式的变革,更反映了全球化背景下劳动方式的变迁。对此我们需要回答:全球市场与本土社会的残疾人的劳动形态将如何作用? 以及这些作用对残健融合的社会环境、残疾人的社会心态和创业就业规划将造成怎样的深刻影响? 二是基于残疾青年就业创业需求和劳动环境的重构,残疾青年在高等教育,尤其是高等职业教育阶段应如何创新服务供给?

在未来一段时间内,新产业、新消费、新媒体、新场景之间的叠加形式会更加多元复杂,新的职业和劳动形态必将更为频繁地出现。在此背景之下,特殊高等职业教育院校亟须通过提供精准的职业教育服务,促进其学生群体在自我与职业两方面实现双重生产,成为数字经济的新力量。

---

① 国务院办公厅印发《促进残疾人就业三年行动方案(2022—2024 年)》的通知[EB/OL].（2022-04-08）[2024-02-27]. https://www. gov. cn/xinwen/2022-04/08/content_5684102. htm.

# 第三节 新时代我国特殊高等职业教育的发展

## 一、特殊高等职业教育的中国模式

### (一)我国特殊教育基本发展情况

"平等、融合、共享"是现代"残疾人观"的集中体现。特殊教育是我国教育事业的重要组成部分。"特殊教育"一词在我国官方文件中首次出现是在改革开放之后。1985年《中共中央关于教育体制改革的决定》正式提出"在实行九年制义务教育的同时，还要努力发展幼儿教育，发展盲、聋、哑、残人和弱智儿童的特殊教育"。特殊教育是一个与普通教育相对的概念，是"使用一般或经过特别设计的课程、教材、教法和教学组织形式及教学设备，对有特殊需要的儿童进行的旨在达到一般和特殊培养目标的教育"①。陈云英指出，在我国，特殊教育常被等同于残疾人教育，这是因为在早期颁布的特殊教育相关政策法规中，特殊教育通常与盲、聋、哑及智力残疾儿童联系在一起，是专指面向各类残疾儿童和青少年的教育。若想准确把握特殊教育的内涵，首先要对"特殊"与"残疾"的区别有清晰的认识。"特殊"通常是与"普通""一般"相对的一个概念，特殊教育是指需要采取特殊的措施、方法的教育。"残疾"是一个医学概念，是指个体身心有疾病或损伤，残疾人教育特指面向残疾人的教育。特殊教育包括但不限于残疾人教育，因此残疾人教育也常被称为狭义的特殊教育。广义的特殊教育是指教育者针对有特殊需要的儿童、青少年，根据其发展特点和需求，采用有效的教学手段，制订个别化的教学计划，促进有特殊需要的儿童、青少年全面发展，使其融入社会、实现自我价值的教育。特殊教育以有特殊需要的儿童、青少年的发展为中心，提供包括特殊教育教师、课程、康复训练、辅助技术、社区支持、咨询在内的各项服务。以此概念推算，有3%~20%的儿童、青少年是特殊教育的直接服务对象。此外，特殊教育还包括为预防儿童、青少年出现发展障碍或为已经出现发展障碍的儿童、

---

① 朴永馨，顾定倩，等.特殊教育辞典[M].北京：华夏出版社，2006.

青少年提供干预的教育[①]。

传统的特殊教育观念和现代的特殊教育观念有着鲜明的区别。传统的特殊教育观念认为，首先，特殊教育是一种干预措施，用于对残疾的预防、矫正，对残疾人的补偿，以及向具有特殊需要的儿童和青少年传授知识和技能；其次，特殊教育是一种教学。有学者据此认为可以从教学对象和实施教学的人、教学的内容和方法、教学过程、教学的场所四个方面来区分特殊教育和普通教育。这种完全把特殊教育和普通教育对立起来的观念自20世纪60年代起便一直备受批评。批评者认为将特殊教育定义为在特殊的学校用特殊的方法对有特殊需要的对象进行教育的思路，是长期以来有特殊需要的儿童和青少年所接受的教育得不到重视或其即使受到教育也不能融入社会等弊端的根源之一。现代的特殊教育观念必须拆除普通教育与特殊教育之间的藩篱。因此，我们认为特殊教育是面向每一个具有特殊需要的儿童和青少年的教育，教育的场所和方法可以随着对象的需求灵活调整，不一定需要特别区分是否具有特殊性。

### （二）我国特殊高等职业教育发展情况

残健融合是特殊高等职业教育在新时代的进一步发展，是以狭义的残疾人高等职业教育人才培养方案为基础，实现残疾学生和健全学生共同学习的新型育人模式。目前特殊高等职业院校从多角度探索残健融合的育人方式。例如，浙江特殊教育职业学院探索"残健融合、协同共培、三制合一"的特殊高等职业教育育人模式，获2022年国家级教学成果奖二等奖[②]。其主要内容包括创设"五共育人"的融合教学环境，残健学生"课程共学、资源共享、项目共创、能力共促、目标共赢"；设计"三维协同"的教学服务支撑体系，政、校、企合力提供"匠师协同教师队伍、纵横协同资源体系、理实协同教法改革"教学支撑；构建"三制合一"的联动育人机制，对特殊高等职业教育学生进行"递推培养、跟踪评价、发展支持"。又如福州职业技术学院探索残健融合视野下听障大学生的创新创业教育；辽宁特殊教育师范高等专科学校探索特殊教育集团化办学，构建残健融合教学管理模式。残健融合理念已经成为特殊高等职业

---

① 陈云英.当代中国特殊教育[M].北京:教育科学出版社,2021:3-4.

② 黄华,黄宏伟.残健融合,创新特殊高职教育育人模式[J].现代特殊教育,2023(17):70-71.

教育阶段育人模式的主旋律。

回望百年,风起云天。在我国特殊教育的发展历程中,职业技能培养一直是其重要的办学理念。我国近代第一所特殊教育学校是一所盲人学校——1874年苏格兰圣经公会的传教士威廉·穆端在北京建立的瞽叟通文馆。学校设有工艺部,主要向学生教授技艺,如做垫子、纺纱布、编篮子以及缝纫等。1916年,刘先骥先生在湖南长沙创办了导盲学校(今长沙市特殊教育学校的前身之一),这是中国人自己创办的第一所特殊教育学校。学校设置编织科,专门对残疾人进行工艺职业技术教育。1927年10月,南京市盲哑学校成立,它是中国第一所公立特殊教育学校。学校专门设有职业部,学生在学校学习职业课程,并可升入国立艺术专门学校继续学习。特殊高等职业教育发展初期,盲校往往侧重于乐器方面的音乐能力培养,聋哑学校则侧重于图画、雕刻等工艺美术方面的教育。

中流击水,奋楫者进。新中国成立后,我国的特殊高等职业教育从初级的技术班走向中等教育的专业化办学,进而实现了高等职业教育的跨越,构建起相对完善的特殊高等职业教育体系[①]。新中国成立初期,1957年,教育部颁发的《办好盲童学校、聋哑学校的几点指示》规定,"聋哑学生在接受完十年的学校教育后,他们的文化科学知识基本上应和普通小学相等,同时还应掌握一定的职业劳动技能和技巧"。强调"职业劳动技能和技巧"是对特殊教育学校的特殊要求,也是我国最早有关特殊高等职业教育的政策内容。新中国成立初期的特殊教育学校以小学阶段教育水平为主。1956年,随着上海市聋哑青年技术学校的创办,特殊职业教育由初等教育发展到了中等教育阶段。改革开放后,通过特殊教育学校的职业化拓展、特殊教育学校的转型发展、特殊职业学校的创办等路径,特殊职业教育全面走向中等教育阶段。随着1989年《关于发展特殊教育的若干意见》、1994年《残疾人教育条例》等一系列法规和政策文件的颁布实施,特殊职业教育走上了有法可依、有政策可依的发展轨道,取得了快速发展。

澎湃热血,激荡岁月。21世纪以来,我国对特殊高等职业教育的支持力度空前。2010年发布的《国家中长期教育改革和发展规划纲要》强调"加强残

---

① 杨克瑞.残疾人职业教育的中国模式与创新思考[J].中国职业技术教育,2022(4):39-45.

疾学生职业技能和就业能力培养……大力推进残疾人职业教育,重视发展残疾人高等教育"。2012 年,人力资源和社会保障部、财政部、中国残联联合印发《关于加强残疾人职业培训促进就业工作的通知》,对在全国范围内开展残疾人职业培训工作进行全面部署。2014 年发布的《特殊教育提升计划(2014—2016)》指出"扩大残疾人中等职业学校招生规模,紧密结合经济社会发展需求和残疾人特点,合理调整专业结构,为残疾学生提供更多选择……加强残疾人职业培训,提高就业创业能力","深化特殊教育课程教学改革","增加必要的职业教育内容,强化生活技能和社会适应能力培养"。2018 年,教育部等四部委《关于加快发展残疾人职业教育的若干意见》正式印发,这是改革开放以来教育部出台的第一份针对残疾人职业教育的文件,要求"大力发展残疾人中等职业教育,加快发展残疾人职业教育,为残疾人接受职业教育提供更多的机会,改进残疾人职业教育的办学条件,加大对残疾人职业教育的投入,加强残疾人职业院校基础设施建设,加大对接受职业教育残疾学生的资助保障,修订《残疾人中等职业学校设置标准(试行)》,制定残疾人职业院校办学标准"等。2022 年修订的《职业教育法》将职业教育确定为与普通教育具有同等重要地位的教育类型,并对特殊职业教育发展提出具体要求,包括"国家采取措施,组织各类转岗、再就业、失业人员以及特殊人群等接受各种形式的职业教育,扶持特殊职业教育的发展。特殊职业教育除由残疾人教育机构实施外,各级各类职业学校和职业培训机构及其他教育机构应当按照国家有关规定接纳残疾学生,并加强无障碍环境建设,为残疾学生学习、生活提供必要的帮助和便利。国家采取措施,支持残疾人教育机构、职业学校、职业培训机构及其他教育机构开展或者联合开展特殊职业教育。从事特殊职业教育的教师按照规定享受特殊教育津贴"。上述政策文件充分表明,特殊职业教育在我国教育体系中具有重要的地位,朝着"适应发展需求、产教融合、中高职衔接、职业教育与普通教育相互沟通,体现终身教育理念,具有中国特色、世界水平的现代职业教育体系"目标迈进。

2011 年,浙江省政府批复同意筹建浙江特殊教育职业学院。2014 年浙江特殊教育职业学院正式建立。这是全国第一所独立设置开展特殊高等职业教育的公办院校,实现了特殊职业教育由中等教育向高等教育阶段的发展。此外,在原山东省康复职业中等专业学校基础上创办的山东特殊教育职业学院、在河南省盲聋哑学校基础上创办的河南推拿职业学院、在云南省华夏中等专业学校基础上创办的云南特殊教育职业学院、在辽宁省残疾人中等职业技术学校基础上创办的辽宁特殊教育师范高等专科学校（曾用名辽宁特殊教育职业学院）、长沙职业技术学院（曾用名长沙特殊教育职业学院）、襄阳职业技术学院师范学院（特殊教育学院）等，都是比较成功的特殊高等职业院校。此外，郑州工程技术学院、贵州工程应用技术学院、天津理工大学等应用型本科高校所创办的特殊教育类学院，其特殊教育具有一定的职业培养性质，成为我国特殊高等职业教育的重要组成部分。近年来，我国残疾人接受高等教育的人数逐渐上升，与特殊高等教育相关院校的开办密不可分（见表1-2）。

表 1-2　2016—2023 年我国残疾人接受高等教育人数①

单位：人

| 项目 | 年度 | | | | | | | |
|---|---|---|---|---|---|---|---|---|
| | 2016 | 2017 | 2018 | 2019 | 2020 | 2021 | 2022 | 2023 |
| 残疾人被高等院校录取人数 | 9592 | 10818 | 11154 | 12362 | 13551 | 14559 | — | — |
| 进入特殊高等教育学院学习人数 | 1941 | 1845 | 1873 | 2053 | 2253 | 2302 | | |
| 残疾人被高等院校录取总人数 | 11533 | 12663 | 13027 | 14415 | 15804 | 16861 | 30035 | 30810 |

（三）国外特殊高等职业教育发展情况

西方工业化国家特殊高等职业教育的形成过程与社会经济发展有着密切的联系。西方特殊高等职业教育萌芽于 18 世纪 70—80 年代的法国，1770年，法国的德雷佩神父（Abbe Charles Michel de L'Epee）在巴黎创建了世界上第一所聋人免费公立学校法国巴黎聋校。1784 年，法国人霍维（Hauy）在巴黎创办了世界上第一所盲人学校皇家青少年盲人学校，倡导运用直观、叙述等方式教导盲童学习文化知识，适应社会生活，并特别强调盲人的劳动职业

---

① 历年中国残疾人事业发展统计公报［DB/OL］.（2024-04-18）［2024-04-18］.
https://www.cdpf.org.cn/zwgk/zccx/tjgb/index.htm.

教育,为特殊高等职业教育的产生提供了土壤。18世纪末至20世纪,特殊教育学校的建立从萌芽期的私人行为转变为国家政府行为,政府立法保护残疾人受教育的权利,特殊职业教育以职业技能与培训、农业劳动技能培养等形式反映在特殊教育体系中。与西方国家相比,此时在亚非拉地区特殊高等职业教育尚未成型,绝大部分国家处于殖民地、半殖民地时期。从第二次世界大战结束至20世纪70年代,特殊高等职业教育日益受到重视,强调回归社会、培养自立能力和适应能力是各国特殊高等职业教育在培养过程中的共同之处。20世纪70年代以后,回归主流、一体化、融合教育,成为特殊高等职业教育的主要发展趋势,在政策立法、制订个别教育计划、就业创业、职业指导等方面注重特殊高等职业教育是各发达国家特殊教育发展的共同趋势。

美国罗切斯特理工学院(Rochester Institute of Technology)创立于1829年,位于美国纽约州罗切斯特市,是美国历史上第二古老的世界一流理工大学。自建校以来,该校的艺术学科、工程学科一直保持着卓越的教育质量和学术声誉。1965年,美国罗切斯特理工学院下属二级学院聋人技术学院(National Technological Institute for the Deaf)正式成立,这是美国特殊高等职业教育的典范,也是当今世界上最大的聋人理工学院。学院的专业设置广泛且实用,开设有会计技术、管理支持技术、应用计算机技术、应用人文艺术、艺术与影像研究、实验室科学与技术、商业技术、计算机辅助绘图技术、计算机集成机械技术、酒店及服务管理、展示艺术等专业,招收听力损失在70分贝以上、具有高中以上文化程度、通晓英语和美国手语的聋人学生。校址选择建立在柯达胶卷、博士伦隐形眼镜、施乐复印机公司的故乡纽约州罗切斯特市,为聋人毕业生就业提供便利。美国罗切斯特理工学院下设九个二级学院,除聋人技术学院外均为招收健全学生的学院,校内实现残健学生融合发展。

在亚太地区,日本筑波技术大学创建于1987年,是日本第一所公立的专门招收视力和听力残疾学生的三年制高等职业教育学府。该校进行有关职业技术方面的教育及研究活动,培养具有广泛知识素养和专业技能的职业人才。视力残疾学生可以选择信息处理学科、理疗学科和针灸学科进行学习,听力残疾学生可以选择设计学科(包括美术设计专业、工业设计专业)、机械学科、建筑工程学科、电子信息学科(包括电子工学专业、信息工学专业)进行学习。筑波技术大学的教育理念是培养学生形成广泛的教养和社会性,理解和克服身体障碍，养成可以适应社会的自主性和灵活性，掌握能够在信息社会立足的信息分析能力，以及应对国际化社会的语言学习能力和学生生活及社会生活中必要的沟通能力。

## 二、残健融合理念在高等职业教育院校中的实践与发展

（一）理念层面，高度重视残疾人权利保障，积极推动特殊高等职业教育的机会公平

残疾人权利保障，是国家人权保障的重要体现。"从人权实现角度而言，残疾人的受教育权不仅仅是残疾人的一项基本人权，更是残疾人借此人权而得以实现其他人权的前提条件。"[①]对于残疾人而言，其最为重要的人权，无疑是生存权与发展权。2021年发布的《中国残疾人事业"十四五"发展纲要》进一步明确提出："稳步推进残疾人高等教育，支持有条件的高校面向残疾考生开展单考单招，为残疾人接受高等教育提供支持服务……支持高校开展残疾人融合教育。"2022年发布的《"十四五"特殊教育发展提升行动计划》明确提出要"稳步发展高等特殊教育，加强高校特殊教育学院建设，增设适合残疾学生就读的相关专业"。近年来，残健融合的理念在高等院校中不断被推广和接受。

一是通过残疾学生与健全学生共同成长，体现教育公平。习近平总书记指出："教育公平是社会公平的重要基础，要不断促进教育发展成果更多更公平惠及全体人民，以教育公平促进社会公平正义。"[②]通过教育公平、改革创新、立德树人，实现人人都有"人生出彩的机会"。突出残健融合教育，有助于体现教育公平，树立起残疾学生与健全学生和谐相处、平等相处的观念，破除以往自上而下的怜悯心态、自下而上的帮扶心态，破除残疾学生、健全学生各自的圈群化活动界限，充分发挥校园活动、社会实践的育人作用，通过思想引导和行为示范，构建残健融合的和谐校园氛围，以"同一个校园环境、同一类教育方式、同一种文化氛围"，实现残疾学生与健全学生共同成长。二是通过残健融合，强化残疾学生的"感恩教育"，实现从"感恩于心"到"回报于行"的成长。2014年，习近平总书记在看望呼和浩特市儿童福利院的孩子们时深情

---

① 陈佑武，常燕群.残疾人人权的法律保护[M].北京：中国检察出版社，2014：62.
② 习近平.习近平谈治国理政第二卷[M].北京：外文出版社，2017：365-366.

地说:"有一颗感恩的心很重要,对儿童特别是孤儿和残疾儿童,全社会都要有仁爱之心、关爱之情,共同努力使他们能够健康成长,感受到社会主义大家庭的温暖。"①"感恩教育"贯穿于残疾学生高等职业教育的全过程,突出残健融合教育,有助于了解残疾学生的压力源与自我效能感,对其进行积极心理调适,逐步缓解他们的威胁压力、人际交往压力、学校环境压力、安全与健康压力、适应性压力等;破解残疾学生"理所应当"的心态,将残疾学生的感恩意识转化为实实在在的行动,弱化群体边界,营造无障碍环境;鼓励学生自我肯定,树立角色榜样;加强残疾学生与健全学生的群际合作,在残疾学生与健全学生之间引导产生主体自我相似性共鸣;与健全学生在学习形式上相互帮助,在学科研究上相互支持,在社会活动中相互付出,通过残健融合的校园、社区、社会三个层面发挥协同效应。三是通过残健融合,提升健全学生的荣誉感、获得感,实现从"爱心助残"到"个人价值"的升华。2021年4月13日,习近平总书记在全国职业教育大会上对职业教育工作作出重要指示,"稳步发展职业本科教育,建设一批高水平职业院校和专业,推动职普融通,增强职业教育适应性"②。特殊高等职业教育院校、本科院校的健全学生普遍对专业和学校的认同感较低、自信心较差。突出残健融合教育,有助于提升健全学生的学习自信、职业自信,逐步将学校定位为以残健融合为特色的普通高职院校、普通高等院校,实现从"爱心助残"到"普遍接受"的提升,让健全学生在校园里有获得感、在社会上有荣誉感。

(二)实践层面,充分尊重基层首创精神,努力塑造有鲜明中国特色的残健融合型高等职业教育院校

我国现有残疾人口具有劳动能力的比例较高,是我国人力资源的重要组成部分。残健融合,是一种价值倾向,它以所有的特殊群体都有权利与同龄群体一起在自然的、正常的环境中生活与学习为前提。特殊高等职业教育院校具有巨大的内在发展潜力,其强调的是残疾群体的平等受教育权、职业发

---

① "美丽的中国梦属于你们"——以习近平同志为核心的党中央关心少年儿童工作纪实[EB/OL].(2020-07-22)[2024-02-27]. https://www.gov.cn/xinwen/2020-07/22/content_5529110.htm.

② 习近平对职业教育工作作出重要指示[EB/OL].(2021-04-13)[2024-02-27]. http://jhsjk.people.cn/article/32076967.

展权，追求的是建立全纳社会和实现全民教育，保障所有学习者受教育的权利不会因为个人的特点与障碍而被剥夺，最终建立一个更加公平、和谐的社会。

特殊高等职业教育院校在人才培养方案的整体设计过程中贯彻"就业技能"与"社会融入"并行的思路。要想成为一名职业人，残疾学生不仅要过"技能关"，同时需要过"融入关"，也就是解决如何顺利融入社会的问题。大量调查表明，社会上长期形成的"残疾人观"使得残疾人尚未能全面、正确、客观地看待自己。"残疾人就业难"不单因为技能的欠缺，还涉及社会因素和个体心理、情感、语言等因素，个体因素包括自我认同度低、抗挫折能力弱、沟通障碍、社交经验缺乏等。有些肢体残疾学生因为交通出行不便、无障碍设施不足等导致就业可达性较差，就业意愿缺乏；有的视障学生因为自身就业期望值过高，较难找到适合的岗位。总体而言，即使接受了高等教育，残疾学生来自自身心理层面的就业压力仍比健全学生大很多。国外有研究者通过对特殊高等职业教育双语教学模式的研究发现，语言在很大程度上决定了残疾学生是否能顺利完成学业，大量学生的辍学是因为语言沟通的障碍，应在特殊高等职业教育中开展有效的双语教学，让语言教师和职业教育教师合作完成特殊高等职业教育的教学活动。以听障学生为例，听障学生融入社会最大的问题来自语言障碍，如果能掌握娴熟的笔谈沟通技能，将大大有助于提升他们的求职成功率以及入职后的就业稳定性。

目前，我国特殊高等职业教育院校将人才培养目标定位为"高素质技能人才"，对于什么是"技能人才"有了相对统一的看法，但对于在人才培养体系、人才培养方案中如何去落实"高素质"的定位尚未达成共识。一个完整的职业人既要具备精湛娴熟的职业技能，也要具备德行良好的职业文化素养，因此特殊高等职业教育的完整课程结构应该由职业技能课程和职业文化课程两部分组成，要重视职业文化课程和人才培养方案中的公共基础课程建设，以坚定文化自信为目标，带领残疾学生在中华优秀传统文化中寻找最经典、最精华的部分，领悟中华文化蕴涵的哲学思想、人文精神、价值理念、道德规范。

以浙江特殊教育职业学院为例，残疾学生分布在康复治疗技术（推拿）、电子商务、中西面点工艺、工艺美术品设计、数字媒体艺术设计等专业。健全学生分布在特殊教育（师范）、特殊教育（手语翻译）、康复治疗技术等专业。

2019年,中国残联与浙江省政府签署了《助推高等特殊教育和特殊艺术高质量发展合作框架协议》,提出"打造国内一流、特色鲜明的高等特殊教育学院"的办学定位,初步形成"残健融合 协同共培"的育人模式。2020年,学院特殊教育专业群获批浙江省"高水平"专业群。学院同步认定校级非遗手工技艺专业群,成功申报与浙江省残疾人事业高质量发展紧密结合的音乐表演专业,按照"集约建设、集群发展、校企共建"的思路,以办学条件基础好、长线需求大、面向健全学生的"特殊教育"专业为核心,构建"职业岗位相继、技术领域相近、专业基础相通、教学资源相融"的专业群,提升专业群服务残疾人和残疾人事业的能力。学院根据听障、视障、肢残等不同残疾学生的类别和接受能力,依托融合课程、融合社团、融合寝室等不同的融合载体,提高残疾学生和健全学生的融合程度。通过残健学生的共学、共享、共创、共促、共赢体现教育公平,以"同一个校园环境、同一类教育方式、同一种文化氛围",实现残疾学生与健全学生共同成长。

### 三、特殊高等职业教育院校面临的机遇与挑战

在构建现代职业教育体系的进程中,特殊高等职业教育面临着机遇和挑战。数据显示:特殊高等职业教育学校分布不均衡,所占比例依次为东部(62%)、中部(24%)、西部(14%);专业设置同质化现象严重,针对性不高,其中艺术设计与针灸推拿专业约占所有专业的80%;课程内容重理论轻实践,课程安排缺乏合理性;师资队伍年轻化,"双师型"教师较少[①]。专门类的特殊高等职业教育院校目前以残健融合招生形式为主,专业面向残疾人(招收残疾人)和残疾人事业(招收健全生)。总体而言,特殊高等职业教育院校发展面临的挑战有以下几个方面。

进一步深化残健融合的挑战。特殊高等职业教育院校的残健融合程度主要体现在学校和二级学院层面,招生对象分为视障、听障、肢体功能障碍、言语障碍的残疾人和有志为残疾人事业服务的健全人。目前而言,融合程度较少体现在专业、班级层面,即很少有专业面向残疾学生和健全学生混合招生、很少有班级面向残疾学生和健全学生混合编班等。

---

① 郭文斌,等.我国残疾人高等职业教育研究热点与发展趋势[J].海南师范大学学报(社会科学版),2019(2):115.

进一步深化就业导向的挑战。以就业为导向的特殊高等职业教育过程过多地注重就业政策,而忽略了残疾学生就业过程中的心理疏导、政策如何影响结果等方面。特殊高等职业教育应努力打破"职业教育即就业教育"的传统观念,由单纯的"就业"转向注重残疾人的择业和就业观念、职业生涯规划、职业性向等就业心理方面的教育与培养,强调不仅服务于学生就业,更重要的是改善残疾学生的机体功能、满足个体的康复需要,提高生活自理能力和社会适应能力,带动其职业能力的潜在发展。

进一步凸显特殊高等职业教育特点的挑战。在人文性方面,与普通高等教育相比,特殊高等职业教育更加强调人的尊严和权利,开发人的生命潜能,提升人的思想境界和心灵高度,展现生命突破身心障碍、追求解放和自由的过程。在适配性方面,特殊高等职业教育更为强调根据残疾大学生身心特点和发展的特殊需要,在培养目标和培养规格、课程与方法等方面适当进行调整,按需施教、因材施教,促进学生个性充分自由发展。合适的就是最好的,这是特殊高等职业教育最重要的理念、最基本的原则和最高境界。在支持性方面,当前学界对"高等职业教育院校现代化"的理解较为统一,强调学校治理的动态性与发展性,并尝试从过程与结果两个角度对高职院校治理现代化进行理解,强调了制度的支撑作用与学生治理的主体地位①。这对于在认知、语言、行动和社会交往等方面还存在着障碍和不便的残疾人来说,是一种严峻的挑战。因此,特殊高等职业教育更加强调为残疾大学生的学习提供必要的专业支持服务,包括大学学习指导、心理辅导、课程调整和个别化教育方案等,为其学习和生活提供合理便利,如无障碍环境和辅助技术支持等,以帮助他们适应大学生活,顺利完成学业。在融合性方面,特殊高等职业教育更加强调将残疾大学生置于与普通高等教育一体化的场域中,努力通过合适、安全、最少限制、支持性融合环境创设,扩大合作与参与,减少排斥与歧视,增强残疾大学生的认同感与归属感,促使其平等充分地融入社会。这些基于现代"残疾人观"及高等教育规律的一般性和特殊性要求,是特殊高等职业教育院校开展人才培养时必须遵循的。

---

① 刘晓,童小晨.高质量发展背景下高职院校治理现代化的内涵、现状与优化策略——基于56所"双高计划"高水平学校中期绩效自评报告的文本分析[J].现代教育管理,2023(5):111.

## 四、特殊高等职业教育专业建设分析

进入"双高计划"建设时期,专业建设成为高水平高职院校和专业建设的重要抓手,专业布局与科学的专业发展战略是"双高计划"建设的关键环节。2021年,教育部印发《职业教育专业目录(2021)》[①],形成了定位清晰、纵向贯通、横向融通的一体化专业目录体系。专业是高职院校办学和人才培养的基点,专业建设是高职院校内涵发展的重要抓手,在教学改革和发展中具有龙头作用。专业建设水平决定了人才培养水平与办学水平,对学校改革发展具有深远的影响。特殊高等职业教育作为高等职业教育的一种类型,兼具职业性与特殊性,与普通职业教育院校相比,在专业建设上尚有一定差距,亟待结合特殊高等职业教育的特殊性,主动适应职业教育发展的新形势和对人才培养的新要求,全面推进特殊高等职业教育院校专业建设[②]。

### (一)专业建设的现状

从我国特殊教育的发展历史来看,职业技能的培养一直是特殊教育院校重要的办学理念。新中国成立以来,我国的特殊高等职业教育从初级的技术班走向中等教育的专业化办学,进而实现特殊高等职业教育的层次跨越,构建起相对完善的特殊高等职业教育体系[③]。本书基于浙江特殊教育职业学院、山东特殊教育职业学院、云南特殊教育职业学院、辽宁特殊教育师范高等专科学校四所专门类特殊高等职业教育院校四所院校发布的质量年度报告和官方网站信息,结合全国高等职业院校状态数据监测中心数据,对四所同类院校2019—2023年的专业建设情况进行比较分析。

#### 1.专业设置情况

从2019—2023年开设的专业来看,四所特殊高等职业教育院校开设专业均有不同程度的调整(见表1-3)。从增设专业角度来看,四所院校均增设了当前人才市场需求量大的专业,如山东特殊教育职业学院增设了言语听觉康复

① 教育部官方网站.职业教育官方目录(2021年)[EB/OL].(2024-01-31)[2024-02-27].http://www.moe.gov.cn/s78/A07/zcs_ztzl/2017_zt06/17zt06_bznr/zhijiao/.

② 刘彦华.特殊职业教育发展报告2021—2022[M].杭州:浙江大学出版社,2023:81-94.

③ 杨克瑞.残疾人职业教育的中国模式与创新思考[J].中国职业技术教育,2022(4):39-40.

技术、中医康复技术和文物修复与保护、数字媒体技术专业,云南特殊教育职业学院新增康复治疗技术和书画艺术专业,浙江特殊教育职业学院新增学前教育(师范类)、民族传统技艺、茶艺与茶文化、智慧健康养老服务与管理、音乐表演专业。同时,对不适应市场需求的专业予以撤销,如辽宁特殊教育师范高等专科学校撤销了假肢与矫形器技术、园艺技术专业。

从四所院校近五年的专业数量变化情况来看,云南特殊教育职业学院、山东特殊教育职业学院、辽宁特殊教育师范高等专科学校的专业设置逐渐趋于平稳发展,浙江特殊教育职业学院正在逐步扩大专业数量与招生规模。

从专业布点来看,2023 年四所院校共有专业布点数 42 个(含重复专业),开设专业较多的是符合产业人才需求实际、职业成熟稳定、专业布点较广、就业面向明确、名称科学合理的专业,如特殊教育(4 所)、康复治疗技术(4 所)、电子商务(3 所)、工艺美术品设计(3 所)等专业。

表 1-3　四所特殊职业教育院校（高等职业教育部分）2019—2023 年专业设置情况

| 院校名称 | 开设专业（含方向） | | | | |
| --- | --- | --- | --- | --- | --- |
| | 2023 年 | 2022 年 | 2021 年 | 2020 年 | 2019 年 |
| 浙江特殊教育职业学院 | 1. 康复治疗技术（推拿）<br>2. 电子商务<br>3. 数字媒体艺术设计<br>4. 工艺美术品设计<br>5. 民族传统技艺<br>6. 中西面点工艺<br>7. 茶艺与茶文化<br>8. 音乐表演<br>9. 特殊教育（师范类）<br>10. 学前教育（师范类）<br>11. 智慧健康养老服务与管理 | 1. 康复治疗技术（推拿）<br>2. 电子商务<br>3. 数字媒体艺术设计<br>4. 工艺美术品设计<br>5. 民族传统技艺<br>6. 中西面点工艺<br>7. 茶艺与茶文化<br>8. 音乐表演<br>9. 特殊教育（师范类）（手语翻译）<br>10. 学前教育（师范类） | 1. 康复治疗技术（推拿）<br>2. 特殊教育（师范类）<br>3. 电子商务<br>4. 数字媒体艺术品设计<br>5. 工艺美术品设计<br>6. 中西面点工艺<br>7. 学前教育（师范类）<br>8. 民族传统技艺<br>9. 茶艺与茶文化 | 1. 康复治疗技术（老年和残疾人康复）（推拿）<br>2. 特殊教育（师范类）（手语翻译）<br>3. 电子商务<br>4. 数字媒体艺术设计<br>5. 工艺美术品工艺<br>6. 中西面点工艺 | 1. 康复治疗技术（老年和残疾人康复）（推拿）<br>2. 特殊教育（师范类）（手语翻译）<br>3. 电子商务<br>4. 数字媒体艺术设计<br>5. 工艺美术品设计<br>6. 中西面点工艺 |
| 山东特殊教育职业学院 | 1. 康复治疗技术<br>2. 言语听觉康复技术<br>3. 中医康复技术<br>4. 特殊教育（师范类）<br>5. 工艺美术品设计<br>6. 文物修复与保护<br>7. 服装设计与工艺<br>8. 计算机应用技术<br>9. 数字媒体技术 | 1. 康复治疗技术<br>2. 言语听觉康复技术<br>3. 中医康复技术<br>4. 特殊教育（师范类）<br>5. 工艺美术品设计<br>6. 文物修复与保护<br>7. 服装设计与工艺<br>8. 计算机应用技术 | 1. 康复治疗技术<br>2. 言语听觉康复技术<br>3. 中医康复技术<br>4. 特殊教育（听力语言康复）（学前融合教育）<br>5. 工艺美术品设计<br>6. 文物修复与保护<br>7. 服装设计与工艺<br>8. 计算机应用技术 | 1. 康复治疗技术<br>2. 言语听觉康复技术<br>3. 中医康复技术<br>4. 特殊教育<br>5. 工艺美术品设计<br>6. 文物修复与保护<br>7. 服装设计与工艺<br>8. 计算机应用技术 | 1. 康复治疗技术<br>2. 特殊教育（听力语言康复）（学前融合教育）<br>3. 工艺美术品设计<br>4. 服装设计与工艺<br>5. 计算机应用技术 |

续　表

| 院校名称 | 开设专业（含方向） | | | | |
|---|---|---|---|---|---|
| | 2023 年 | 2022 年 | 2021 年 | 2020 年 | 2019 年 |
| 云南特殊教育职业学院 | 1. 移动应用开发<br>2. 大数据与会计<br>3. 电子商务<br>4. 网络舆情监测<br>5. 特殊教育（师范类）<br>6. 现代家政服务与管理<br>7. 康复治疗技术<br>8. 艺术设计<br>9. 民族传统技艺<br>10. 美容美体艺术<br>11. 书画艺术 | 1. 移动应用开发<br>2. 大数据与会计<br>3. 电子商务<br>4. 网络舆情监测<br>5. 特殊教育（师范类）<br>6. 现代家政服务与管理（当年暂停招生）<br>7. 社区康复<br>8. 康复治疗技术<br>9. 艺术设计<br>10. 美容美体艺术<br>11. 工艺美术品设计（当年暂停招生）<br>12. 民族传统技艺<br>13. 书画艺术（当年暂停招生） | 1. 移动应用开发<br>2. 大数据会计<br>3. 电子商务<br>4. 网络舆情监测<br>5. 特殊教育（师范类）<br>6. 现代家政服务与管理<br>7. 社区康复<br>8. 康复治疗技术<br>9. 艺术设计:视觉传达<br>10. 美容美体艺术<br>11. 工艺美术品设计<br>12. 民族传统技艺<br>13. 书画艺术 | 1. 移动应用开发<br>2. 会计<br>3. 电子商务<br>4. 网络舆情监测<br>5. 特殊教育（师范类）<br>6. 家政服务与管理<br>7. 社区康复<br>8. 康复治疗技术（当年暂停招生）<br>9. 艺术设计<br>10. 美容美体艺术<br>11. 工艺美术品设计<br>12. 民族传统技艺<br>13. 书画艺术（当年暂停招生） | 1. 移动应用开发<br>2. 电子商务<br>3. 网络舆情监测<br>4. 特殊教育（师范类）<br>5. 家政服务与管理<br>6. 社区康复<br>7. 艺术设计<br>8. 美容美体艺术<br>9. 工艺美术品设计<br>10. 民族传统技艺<br>11. 会计 |
| 辽宁特殊教育师范高等专科学校 | 1. 电子商务<br>2. 社区管理与服务<br>3. 现代家政服务与管理（师范类）<br>4. 学前教育（师范类）<br>5. 特殊教育（师范类）<br>6. 口腔医学技术（口腔工艺技术） | 1. 电子商务<br>2. 社区管理与服务<br>3. 现代家政服务与管理（师范类）<br>4. 学前教育（师范类）<br>5. 特殊教育（师范类）<br>6. 口腔医学技术（口腔工艺技术） | 1. 电子商务<br>2. 社区管理与服务<br>3. 现代家政服务与管理（师范类）<br>4. 学前教育（师范类）<br>5. 特殊教育（师范类）<br>6. 口腔医学技术（口腔工艺技术） | 1. 电子商务<br>2. 社区管理与服务<br>3. 现代家政服务与管理（师范类）<br>4. 学前教育（师范类）<br>5. 特殊教育（师范类）<br>6. 口腔医学技术（口腔工艺技术） | 1. 电子商务<br>2. 社区管理与服务<br>3. 家政服务与管理<br>4. 学前教育（师范类）<br>5. 特殊教育（师范类）<br>6. 口腔医学技术（口腔工艺技术） |

续 表

| 院校名称 | 开设专业(含方向) | | | | |
|---|---|---|---|---|---|
| | 2023 年 | 2022 年 | 2021 年 | 2020 年 | 2019 年 |
| 辽宁特殊教育师范高等专科学校 | 7. 康复辅助器具技术(假肢矫形器制作)<br>8. 康复治疗技术(推拿)<br>9. 书画艺术<br>10. 康复治疗技术<br>11. 中医康复技术<br>12. 康复辅助器具技术<br>13. 美容美体及老年保健与管理艺术设计 | 7. 康复辅助器具技术(假肢)<br>8. 康复治疗技术(推拿)<br>9. 老年保健与管理<br>10. 艺术设计<br>11. 书画艺术(书法)<br>12. 美容美体艺术 | 7. 康复辅助器具技术(假肢)<br>8. 康复治疗技术(推拿)<br>9. 老年保健与管理<br>10. 艺术设计<br>11. 书画艺术(书法)<br>12. 美容美体艺术 | 7. 康复辅助器具技术<br>8. 康复治疗技术(推拿)<br>9. 老年保健与管理<br>10. 艺术设计<br>11. 书画艺术(书法)<br>12. 美容美体艺术 | 7. 康复辅助器具技术<br>8. 假肢与矫形器技术<br>9. 老年保健与管理<br>10. 艺术设计<br>11. 美术(书法)<br>12. 美容美体艺术<br>13. 园艺技术:都市园艺<br>14. 康复治疗技术:推拿 |

从专业大类分布来看（见图1-1），2023年四所院校开设专业26个（不含重复专业），涵盖了高等职业教育专科19个专业大类中的8个，其中文化艺术大类专业7个，占比27%；医药卫生大类专业6个，占比23%；公共管理与服务大类专业4个，占比15%；财经商贸大类、电子与信息大类、教育与体育大类和旅游大类专业各2个，均占比8%；轻工纺织大类专业1个，占比4%。

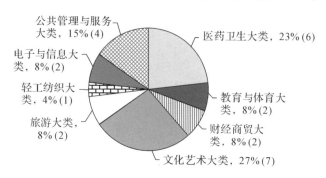

**图1-1　四所特殊高等职业教育院校2023年涵盖专业大类情况**

注：百分比数据已经四舍五入处理。

根据专业与产业结构匹配情况来看，除服装设计工艺专业外，其余专业（含方向）均服务于第三产业。

从专业群建设来看（见表1-4），2019年4月，教育部、财政部联合印发的《关于实施中国特色高水平高职学校和专业建设计划的意见》明确提出，聚焦高端产业和产业高端，重点支持一批优质高职学校和专业群率先发展[1]。截至2023年12月，山东特殊教育职业学院建有省级高水平专业群2个：艺术设计与工艺（特殊教育）专业群、教育康复专业群；浙江特殊教育职业学院建有省级高水平专业群1个：特殊教育专业群，校级专业群1个：非遗手工技艺专业群；云南特殊教育职业学院建有校级专业群3个：特殊教育专业群（优势专业群）、经济信息专业群（新兴专业群）、艺术专业群（特色专业群）；辽宁特殊教育师范高等专科学校培育校级专业群1个："一老、一小、一特"专业群。四所院校专业群建设的数量、质量与普通高等职业教育院校相比还存在一定差距。

---

① 教育部官方网站.教育部、财政部发布《关于实施中国特色高水平高职学校和专业建设计划的意见》[EB/OL].（2019-04-01）[2024-02-27]. http://www. moe. gov. cn/srcsite/A07/moe_737/s3876_qt/201904/t20190402_376471.html? authkey=lca153.

表 1-4 四所院校专业群建设情况

| 院校名称 | 专业群 | 等级 | 对应专业 |
|---|---|---|---|
| 浙江特殊教育职业学院 | 特殊教育 | 省级 | 特殊教育、康复治疗技术 |
| | 非遗手工技艺 | 校级 | 工艺美术品设计、数字媒体艺术设计、民族传统技艺、茶艺与茶文化、中西面点工艺 |
| 山东特殊教育职业学院 | 艺术设计与工艺（特殊教育） | 省级 | 工艺美术品设计、特殊教育 |
| | 教育康复 | 省级 | 特殊教育、言语听觉康复技术、康复治疗技术 |
| 云南特殊教育职业学院 | 经济信息 | 校级 | 电子商务、移动应用开发、大数据与会计、网络舆情监测 |
| | 特殊教育 | | 特殊教育、社区康复、家政服务与管理、康复治疗技术 |
| | 艺术 | | 艺术设计、民族传统技艺、美容美体艺术、书画艺术、工艺美术品设计 |
| 辽宁特殊教育师范高等专科学校 | "一老、一小、一特" | 校级 | 老年保健与管理、学前教育、特殊教育 |

2.专业师资队伍

截至 2023 年 12 月,四所院校中(见表 1-5),山东特殊教育职业学院专任教师数最多,为 164 人;浙江特殊教育职业学院"双师"素质专任教师占比最高为 80.25%,企业兼职教师年课时总量最多的为云南特殊教育职业学院,为 12654 课时。

表 1-5 2023 年四所院校师资基本情况

| 项目名称 | 浙江特殊教育职业学院 | 山东特殊教育职业学院 | 云南特殊教育职业学院 | 辽宁特殊教育师范高等专科学校 |
|---|---|---|---|---|
| 教职员工总数/人 | 249 | 217 | 128 | 153 |
| 专任教师总数/人 | 157 | 164 | 87 | 118 |
| 生师比 | 13.69 | 8.48 | 24.84 | 16.69 |

续　表

| 项目名称 | 浙江特殊教育职业学院 | 山东特殊教育职业学院 | 云南特殊教育职业学院 | 辽宁特殊教育师范高等专科学校 |
|---|---|---|---|---|
| 具有高级职务教师占专任教师的比例/% | 21.66 | 31.7 | 37.93 | 23.73 |
| "双师"素质专任教师/% | 80.25 | 60.37 | 36.78 | 40.68 |
| 企业兼职教师年课时总量/课时 | 5453 | 262 | 12654 | 7848 |

从专业国际合作来看，受办学条件限制，加之受新冠疫情影响，四所院校国际交流与合作的发展也在一定程度上滞缓了。但是随着"一带一路"的推进，四所院校"走出去、引进来"国际交流步伐加快。2023年，浙江特殊教育职业学院与境外两所合作院校签订战略合作协议，特殊教育专业与泰国诗纳卡宁威洛大学合作、康复治疗技术专业与泰国皇家清莱大学开展国际交流合作；与浙江美通香薰科技股份有限公司越南生产基地签订"特教-美通越南丝路学院"共建合作协议，派出2名教师前往越南海防市，开展丝路学院国际化合作办学项目。2021年，山东特殊教育职业学院联合山东省服装设计协会与意大利米兰理工学院POLI.design设计学院，共同举办山东特殊教育职业学院中意服饰与艺术设计国际课程暨纺织非遗助力听障学子技能提升课程。

（二）专业建设存在的问题

通过对四所院校专业建设的比较分析，对照《教育部 财政部关于实施中国特色高水平高职学校和专业建设计划的意见》要求，本书认为四所院校的专业设置与建设有一定的提升进步空间。

专业建设欠总体规划，不从实际需求出发。学校层面尚未建立专业建设委员会，缺乏自我发展、自我调整的专业管理机制和针对专业规划、专业结构动态调整和优化等重大问题的指导。一方面，新业态、新产业的发展，对残疾人、残疾人事业相关专业的就业导向产生了深刻的影响，另一方面，特殊高等职业教育与特殊中等职业教育、本科教育紧密衔接，起着承上启下的作用。动态调整、新增专业需要针对特殊职业教育的特征，从社会发展实际需求和市场供求方面出发，而不是以"高职升格本科教育""盲目追求扩招人数"等为办学目标。

专业设置趋同性明显，专业综合实力不强。从专业结构来看，四所院校之间"错位发展、差异竞争"的意识一般，重复开设专业的现象比较普遍。一方面，专业设置不聚焦。各专业之间的支撑力不强，专业群内专业耦合度、资源共享度不高，残健融合的多学科专业结构体系还需进一步整合。另一方面，专业影响力不足。与同类综合性高职院校相比，特殊高等职业教育院校的优势特色专业尚未在省域乃至国内树立起品牌，缺乏明显的优势。专业核心竞争力有待进一步提高，服务残疾人和残疾人事业发展的专业特色不够突出。

专业领军人才缺乏，存在"因人设庙"等现象。专业建设的关键是人才。近几年，四所院校加强师资队伍建设，取得了一定成效，但是高层次教学名师、专业带头人和骨干教师数量明显不足，缺乏来自行业企业有一定影响力的领军人才、技术骨干、业务能手担任专业教研室主任和专业教师，尚未形成数量充足、专兼结合、结构合理、德才兼备的高水平教学创新团队，人才问题制约着专业建设的跨越式发展。

专业国际化建设需要进一步"走出去"。目前，四所院校的专业国际化刚刚起步，初步与国（境）外院校建立联系。随着国家"一带一路"的推进，需要进一步拓宽专业教师国际化视野，与国际先进成熟的专业标准、课程标准、教材和数字化教育资源全面对接。

**五、特殊教育中高职一体化实践探索**

区域中高职一体化人才培养有机衔接模式是职业教育高质量发展新形势下的探索与改革。1985 年，中共中央《关于教育体制改革的决定》提出调整中等教育结构，大力发展职业技术教育，逐步建立起一个从初级到高级、行业配套、结构合理又能与普通教育相互沟通的职业技术教育体系。1995年，国家教委颁布《关于推动职业大学改革与建设的几点意见》，提出"有条件的学校，结合专业特点，经教育部批准，也可举办专科层次的招收初中毕业生学制五年的专业"。2002 年，教育部印发《关于进一步办好五年制高等职业技术教育的几点意见》，进一步规范五年制高职的发展方针、办学主体、专业设置、经费投入、教学质量以及管理体制①。2021 年 10 月,中共中央办公厅、国务院办公厅印发《关于推动现代职业教育高质量发展的意见》,要求"强化职业教育类型特色、完善产教融合办学体制、创新校企合作办学机制、深化教育教学改革、打造中国特色职业教育品牌"②。国家职业教育改革大背景下,特殊教育"中高职一体化"模式将成为现代特殊职业教育体系的有机组成部分。

在探索过程中,多种学段衔接模式已形成,包括五年一贯制、"3+2"分段培养,根据实际培养情况又衍生出"2+1+2""2+3"等不同的多元化衔接模式。

（一）中高职一体化的模式分析

五年一贯制模式不涉及中高职学制衔接的问题,通过课程的一体化设计,可以实现中高职课程的无缝对接。这一模式构建了以知识和技能为基础的专业基础课程、培养学生公共职业能力的专业核心课程、为特定岗位设置的专业方向课程以及专业拓展课程为内容的课程架构。对课程开设的先后、课时量的多少、与行业企业结合程度的紧密与否等方面都作出了统一的规划和设计。这一课程模式保证了特殊教育在人才培养方向上的一致性,同时又避免了课程的重复和学时的浪费,有效培养了学生的职业能力。

"3+2"中高职一体化模式下的课程衔接方式为:地方职业教育主管部门牵头成立中高职课程衔接联席委员会,委员会负责统一规划中职院校与高职院校的人才培养规划目标,据此在中高职"3+2"学制框架下对其所衔接课程进行统筹和协调控制,从而使特殊中等职业院校与对口的高等职业院校培养目标一致、课程设置贯通。"3+2"中高职衔接模式中,比较有代表性的是南京市盲人学校和南京中医药大学联合培养的三年学制的中医康复保健专业。这两所学校通过共同研究、相互协调,设计分阶段专业目标,为学完规定课程,考试合格的学生颁发南京市中等专业学校中医康复保健(针推)专业中专

---

① 董宁然.区域中高职一体化人才培养有机衔接模式的内涵、生成逻辑与建构路向[J].中国职业技术教育,2023(28):28.

② 中共中央办公厅 国务院办公厅印发《关于推动现代职业教育高质量发展的意见》[EB/OL].(2021-10-12)[2024-02-27].https://www.gov.cn/zhengce/2021-10/12/content_5642120.htm.

毕业证书和中级保健按摩师职业资格证书,符合条件的学生可升入南京中医药大学康复治疗技术专业盲人大专班继续学习。

### (二)特殊教育中高职一体化的发展趋势

近年来,我国部分省份先行先试中高职一体化模式。2016 年,青岛职业技术学院与青岛市教育局联合,率先开展"五年制高职贯通培养"改革。2018年,青岛职业技术学院牵头成立了国内首个采取中高职贯通培养新模式的职教集团——青岛中高职一体化培养职教集团。截至 2022 年底,集团内企业拥有职工总数 17 万人,校企合作产生的直接经济效益 1.2 亿元,集团化办学成效显著,校企共建专业(群)布点 36 个,集团内有 266 名企业兼职教师参与教学、实训、大赛等工作,工作总量达 10 万多课时,共建课程达 53 门,承担"1＋X"证书制度试点工作 17 个,承担全国职业院校技能大赛高职组"学前教育专业教育技能"赛项等 4 项,"校政协企行"合作育人成效显著①。2021 年 6 月,浙江省印发《浙江省中高职一体化课程改革方案》(浙教办教科〔2021〕15 号),主要围绕改革的核心"课程",提出研制一体化人才培养标准、构建一体化人才培养方案、强化一体化课程改革实施、探索一体化教研科研机制、健全一体化管理评价制度等五大改革任务。

总体而言,特殊教育中高职一体化发展趋势包括:一是逐步规范化。《浙江省教育厅关于深入推进中高职一体化五年制职业教育工作的指导意见》(浙教职成〔2019〕47 号)指出:浙江省对五年制职业教育进行了多年的试点探索,原有"3＋2"和五年一贯制两种办学模式在人才培养方式、招录方式等方面已渐趋统一。要继续明确人才培养目标、优选学校和专业、优化人才培养方案、强化培养方案实施。二是彰显区域性。2022 年 5 月,《浙江省教育厅办公室关于开展区域中高职一体化人才培养改革工作的通知》(浙教办职成〔2022〕20 号)要求"区域中高职一体化人才培养改革由地方人民政府统筹,高职院校牵头,行业、企业深度参与产教融合协同育人。政府对改革项目提供全方位保障和支持"。三是突出高规格。明确由高职院校牵头,与中职学校、行业企业围绕"高规格培养""高质量就业"要求制定人才培养方案,学生在完

---

① 2022 年青岛中高职一体化培养职教集团工作会暨校企一体化发展研讨会顺利召开[EB/OL].(2022-12-23)[2024-02-27].青岛职业技术学院官方网站. http://www.qtc.edu.cn/info/1021/38109.htm.

成学业时,需同时取得高级工技能等级证书和至少 1 种 X 证书(中级以上),合作企业直接安排就业或享有优先录用权,待遇较其他方式培养的学生有明显优势。四是强化课程改革。《浙江省中高职一体化课程改革方案》(浙教办教科〔2021〕15 号)强调人才培养标准、人才培养方案、课程改革实施、教研科研机制、管理评价制度等五方面一体化,坚持省域统筹、协同推进。

(三)特殊教育中高职一体化的实施难点

一是贯通性。特殊高等职业教育要求结合产业人才需求与残疾人生源的教育需求,提供多层次、高质量的职业教育,保证各层次间进路通畅、衔接紧密,形成独立的职业教育体系。视障生、听障生的"中高职一体化"存在学制和专业设置不合理、不对接,课程重复与断档并存,技能倒挂,教学方法雷同等问题。中职与高职教育系统按各自目标运行,两个系统基本割裂。

专业设置方面,中高职专业设置缺乏统一性和规范性,中高职的发展规模和发展程度不同步。残疾人中等职业教育学校在专业设置上呈现出专业多而杂、细而小的特点,往往主要考虑残疾人的特点和地方经济发展的特点,如台州市特殊教育学校开设汽车维修班,教学质量较高,社会评价较好,但浙江省内对应的特殊教育高职院校尚未开设此类专业;特殊高等职业教育学校在专业设置时呈现出专业少、高度集中的特点,往往受高等教育的影响采用学科中心的方式设置专业,与现行的产业结构或职业岗位脱节。残疾人中等职业教育发展时间较长,在以就业为导向的理论指导下,随着地区经济和产业结构的不断变化,专业覆盖面也变得越来越广,而与之相对的特殊高等职业教育发展时间短,专业覆盖面窄,形成中高职衔接的"匝道"[①],无法实现课程的连续性、顺序性和整合性,即高等职业教育的课程无法全面与中职教育形成真正意义上的对接。

课程标准方面,近年来,关于特殊教育中高职一体化的相关文献大致可以归结为两类,第一类是关于地方中高职一体化的案例研究,对特殊教育中高职课程衔接停留在个别地区和个别院校经验总结层面,未能从宏观层面提供具有普适性的课程构建策略;第二类是从招生考试制度、录取

---

① 黄华.特殊职业教育中高本一体化贯通培养:现实困境、内涵及对策[J].中国职业技术教育,2022(18):35.

方式等衔接形式上开展研究,没有深入到特殊教育中高职一体化的本质和核心——课程衔接。一方面,目前在国家层面还未建立起一套科学、严谨、规范的特殊高等职业教育专业课程教学标准体系,没有形成开发专业教学标准的有效支持体系。另一方面,对特殊教育高等职业院校进行职业能力测评是人才测评的新课题,目前尚未形成国家层面的残疾人职业测评体系,构建这一测评体系需要由掌握相关技术的专业化、职业化团队操作实施。

学制方面,“3＋2”“五年一贯制”的学制模式各有其发展的局限性。“3＋2”模式是特定的中高职院校共同研究、相互协调,设计分阶段专业目标和课程。这一模式并非特殊教育中高职学校所独有,“3＋2”模式在普通中高职以及国外中高职教育领域不乏成功的经验,但这种“拿来主义”在特殊高等职业教育领域的局限性是显见的,特殊高等职业教育对象的残疾类型不同,针对各类残疾学生设置的专业、课程千差万别,一个成功模式移植后可能“水土不服”,推广基础目前还较为薄弱。“五年一贯制”模式从师资配备、硬件设置方面来看相对复杂,具有独立建制资质的职业院校屈指可数,且“五年一贯制”的课程设置不利于保持中高等职业教育的相对完整性。如果部分学生因为自身学习取向或学习能力等原因不能升入高职继续学习,那么根据线性递进顺序进行的一体化课程无法保证这部分学生所受教育的完整性。事实上,中高职教育是由两个不同层次的教育机构实施的,彼此的培养目标、课程标准尚未实现承接,实践中出现文化基础课程脱节、专业课程重复倒挂等课程衔接效率低下的情况在所难免。近年来,学者从招生考试制度、考试选拔方式、录取制度等外延式衔接模式方面提出了一系列改革的办法,以期解决这一突出的问题,但由于未能触及衔接的内涵实质,收效一般,也就是说这种模式仅仅实现了残疾人中高职两种学制上的接轨,但未实现二者课程的全面衔接。

二是归属性。中职学校由教育部门主管,领导班子、干部考核等均由区县市教育局、教育督导中心实施。特殊高等职业教育院校的行政职能归属残联部门,教育职能归属教育部门。相较于普通中高职一体化,特殊教育中高职一体化人才培养过程中因业务隶属、体制机制等原因,系统内外部有效沟通不足,需要提升跨界属性,打通残联部门与教育部门之间的培养衔接过程。

三是应用性。职业教育区别于普通教育的本质属性是应用性,特殊教育中高职一体化改革要遵循职业教育的规律，促进不同培养阶段螺旋式职业能力的提升，实现残疾人升学需求与教育供给的均衡化，以推动特殊教育"中高职一体化"人才培养模式的良性发展。

### （四）特殊教育中高职一体化的"浙江实践"

浙江省特殊教育中高职一体化招生始于 2021 年 9 月，浙江特殊教育职业学院牵头，在康复治疗技术（推拿）、中西面点工艺两个专业率先实施中职招生。2021 年 10 月，浙江特殊教育职业学院牵头，出台了全国首个省域层面的《特殊教育中高职一体化改革方案》（浙特教院〔2021〕63 号），以专业建设为核心，以课程改革为抓手，通过十大改革任务，构建"残健融合 协同共培"的特殊教育中高职一体化育人模式。2023 年 11 月，浙江特殊教育职业学院牵头，出台了《中高职一体化五年制职业教育管理办法》（浙特教院〔2023〕72 号），就合作中职学校及合作专业遴选条件和程序、教学管理、转段办法等细则进行了明确。截至 2023 年 9 月，浙江特殊教育职业学院已与浙江省盲人学校、宁波市特殊教育中心学校、温州市特殊教育学校、嘉兴市特殊教育学校、丽水市特殊教育学校、杭州文汇学校、湖州市教育康复学校、金华市特殊教育学校等 8 所特殊教育院校达成中高职一体化合作培养协议，2021—2023 年，中职阶段共招收对口专业残疾学生 267 人（见表 1-6）。2023 年，浙江特殊教育职业学院与萧山卫生中等专业学校面向残疾人事业的康复技术专业合作招收健全学生 40 人，从"特特衔接"到"普特融合"，逐步扩大中高职一体化人才培养的覆盖面和影响力。

表 1-6　2021—2023 年浙江省特殊教育中高职一体化招生情况

| 牵头高职院校 | 高职院校招生专业 | 合作中职学校 | 中职学校招生专业 | 2023 年录取数/人 | 2022 年录取数/人 | 2021 年录取数/人 |
|---|---|---|---|---|---|---|
| 浙江特殊教育职业学院 | 康复治疗技术 | 萧山卫生中等专业学校 | 康复技术（健全生） | 40 | — | — |
| 浙江特殊教育职业学院 | 康复治疗技术（推拿） | 浙江省盲人学校 | 中医康复技术（视障生） | 15 | 14 | 15 |
| 浙江特殊教育职业学院 | 中西面点工艺 | 杭州文汇学校 | 中餐烹饪（听障生） | 5 | 4 | 8 |

续　表

| 牵头高职院校 | 高职院校招生专业 | 合作中职学校 | 中职学校招生专业 | 2023年录取数/人 | 2022年录取数/人 | 2021年录取数/人 |
|---|---|---|---|---|---|---|
| 浙江特殊教育职业学院 | 中西面点工艺 | 宁波市特殊教育中心学校 | 中餐烹饪(听障生) | 5 | 5 | 8 |
| 浙江特殊教育职业学院 | 中西面点工艺 | 嘉兴市特殊教育学校 | 中餐烹饪(听障生) | 12 | — | — |
| 浙江特殊教育职业学院 | 中西面点工艺 | 金华市特殊教育学校 | 中餐烹饪(听障生) | 4 | 6 | — |
| 浙江特殊教育职业学院 | 中西面点工艺 | 湖州市教育康复学校 | 中餐烹饪(听障生) | 7 | 10 | — |
| 浙江特殊教育职业学院 | 中西面点工艺 | 温州市特殊教育学校 | 中餐烹饪(听障生) | 14 | — | 14 |
| 浙江特殊教育职业学院 | 工艺美术品设计 | 丽水市特殊教育学校 | 工艺美术(听障生) | 10 | 9 | — |
| 浙江特殊教育职业学院 | 工艺美术品设计 | 宁波市特殊教育中心学校 | 工艺美术(听障生) | 6 | 7 | — |
| 浙江特殊教育职业学院 | 工艺美术品设计 | 温州市特殊教育学校 | 工艺美术(听障生) | — | 9 | — |
| 合计 | | | | 118 | 104 | 45 |

一是制定一体化人才培养标准、方案。组建省域特殊教育中高职一体化专业协作组,由高职院校牵头,会同省域中职特殊教育学校以及行业企业,组建省域特殊教育中高职一体化专业教研大组,做好残疾学生人才需求调研。制定一体化人才培养标准,明确适合残疾学生可持续发展的长学制培养专业所对应岗位的工作任务和职业能力,对接职业能力标准,清晰界定特殊教育中高职层次的人才培养目标,并据此制定一体化专业教学标准、一体化核心课程标准、一体化实训条件建设标准和一体化顶岗实习标准。实施人才培养方案"一年一修订",每年6月前,由高职院校牵头,举行中高职一体化人才培养方案修订研讨会。2023年5月,由浙江特殊教育职业学院牵头申报的"残健融合 协同共培 三制合一:特殊高职教育育人模式创新实践"获国家级教学成果奖二等奖,教学成果立足新时代特殊职业教育高质量培育的实际需求,结合特殊高职教育发展特性,锻造出特殊高等职业教育院校残健融合的高质量培育样

板，创建出能满足残疾学生高层次发展需求的特殊高等职业教育育人模式。

二是动态化调整一体化专业设置。做强高水平专业群，按照"分层分类、梯级发展"的思路，重点推进国家级、省级高水平专业群建设，制定具体项目建设方案。培育校级特色专业群，发挥省域各地区具有地域性特色的相关专业优势，培育地方特色专业群。省域特殊高等职业教育院校进一步优化专业结构，科学设置和申报与省域残疾人事业发展、区域经济发展紧密结合的学前教育(师范)、智慧健康养老管理与服务、音乐表演等新专业。探索衔接中高职一体化、专升本等贯通培养模式，以"467 创业学院""盲人烘焙产业学院"为样本，完善残疾人创新创业运行模式，建立布局合理、学段衔接、医康教结合、普职融通的残疾人教育体系。

三是强化一体化师资队伍建设。教学团队实行"中高职双负责人制"。鼓励中高职教师参与高水平教学能力竞赛，每年省级高职院校教学能力比赛参赛团队中至少有 1 支团队包含中职专业负责人。制订各专业教学团队师资培训计划。以"集中培训、分组活动、专题引领、专业发展"为核心，统一制定师资培训项目，并纳入中小学继续教育培训项目申报，参训教师获得相应的继续教育学分，学分在中高职学校间互认；每四年一次的国家级、省级教学成果奖至少有 1 个团队包含中职专业教师。建立专业教学教师库，实施中高职教学及管理人员互兼互聘。专业教学教师库成员由中高职学校专业教学专家、合作企业中的高级人才组成，通过省域特殊教育师资专业技术职务任职资格互认、柔性流动、师资共享，每年中高职学校间互聘教师不少于 10 人。2023 年 5 月，浙江省教育厅印发《浙江省教育厅办公室关于公布首批浙江省中高职一体化教师教学创新团队立项建设单位名单的通知》(浙教办函〔2023〕125 号)确定首批省中高职一体化教师教学创新团队立项建设单位 25 个。浙江特殊教育职业学院牵头的工艺美术品设计专业成功入选，牵头院校是团队建设的第一责任主体，负责组织实施工作，制定具体方案，细化目标任务，建立工作机制，创设必要条件，稳步开展建设。各中职学校成员单位积极配合团队建设工作，与牵头院校开展更加紧密有效的协作，不断提升高技能人才培养质量。

四是引领一体化教学管理、实训管理。全面搭建一体化教学平台。引导建立中高职一体化教学过程管理平台，包括教学计划管理、教学组织管理、教学质量管理。共同研发一体化教材。根据一体化核心课程标准，中高职会同企业共同研发和编写一体化课程教材、校本教材,及时将面向残疾人就业的新技术、新工艺、新规范纳入教学内容,每年高职院校立项出版的校级新形态教材建设项目中至少有1部教材由中高职学校联合编著。共建一体化专业实训基地。以现有中高职一体化试点专业为基础,按照教学实训要求,中高职错位共建共享实训基地。积极推进中高职一体化教学管理和学生学业评价制度改革,以"残健融合"为基石,实行评价机制的阶梯式递进,探索残疾学生中高职升段考核模式,科学、有效评价中职段教学质量。例如,《中高职一体化五年制职业教育管理办法》(浙特教院〔2023〕72 号)明确,学籍管理与教学实施中"中职学习阶段,由学校教务处(科研处)牵头,合作专业所在系根据不同合作中职学校及合作专业分学年选取不少于2门课程实施'考教分离',抽测课程中专业核心课程不少于1门。抽测方案报高职院校教务管理部门审核备案"。转段考核则"采取'统考+综合评价'的方式进行。考核结果满分100分,统考权重占60%(实行'文化素质+专业技能'测试模式,文化素质测试和专业技能测试各占30%权重),综合评价权重占40%。统考由高职学校牵头实施,统考时间根据各专业教学进程及合作中职院校具体情况,安排在第4或第5学期期末进行,统考科目由高职学校统一组织命题、阅卷,并与合作中职学校共同做好统考的考务组织工作。综合评价由合作中职学校负责实施,综合反映学生在中职学段的德智体美劳全面发展情况,具体实施细则由各合作中职学校自行制订,报高职院校教务部门备案。

五是组建国家级、省级特殊教育资源支持中心(数字化平台)。以特殊高等职业教育院校为依托,以行政部门为功能支持,以专业性研究人员为主体,形成集图书资料、教辅工具、康复器材、学习用具、辅助技术、资源教师、志愿服务于一体的资源支持中心(数字化平台)。

六是全力推进国际化交流合作。积极引进国(境)外优质教育资源,主动对标国际职业教育标准体系,引进特殊教育专业建设标准,引进或聘请专业化外教专家。加强教师国(境)外培训,完善特殊教育中高职教师赴国(境)外短期研修(访学)的制度,提高青年骨干教师赴国(境)外研修(访学)的经费资助。积极拓展对外交流与合作,与国(境)外知名的教育类、艺术类高校建立姐妹校关系,主动对接"一带一路"建设,加快制定学生赴国(境)外交流交换学习的相关管理制度,设立专项奖学金,选派优秀中高职学生赴国(境)外交流学习。

七是构建科研平台推进成果转化。通过组建研究院、特殊职业教育集团等平台,会同省域各地市特殊教育学校,以及省域康复中心、医院、协会、企业打造集人才培养、教育教学、社会培训、就业指导、教学科研、产品开发于一体的特殊教育集团品牌,发挥联盟群体优势、组合效应和规模效应。

八是提升系统社会服务水平。打造残疾人继续教育和职业培训品牌,拓展残疾人技能、残联干部、通用手语等各类培训,广泛开展跨区域职业教育培训和职业技能鉴定,积极承担全国特殊高等职业教育师资培训,实施中西部地区特殊教育教师继续教育定向培养计划。推进非全日制学历教育。举办与特殊教育中高职一体化专业相关的、社会需求旺盛的非全日制、非学历教育。

九是实施省域特殊教育中高职一体化招生、就业。以高职院校为依托,面向省域开展特殊教育中高职人才培养一体化招生,探索"文化技能＋职业技能"评价方式,为残疾学生接受高职教育提供多种入学方式。由高职院校组织录取,制定和实施人才培养方案,依据招生情况,在招生规模和招生专业上给予倾斜。成立毕业生就业联盟,实施省域中高职一体化就业指导,每年发布面向浙江省残疾学生的技能型专门人才需求报告,实时调整专业结构和人才培养方案。

十是全面实施一体化进程。力争特殊教育中高职一体化试点专业基本覆盖适合长学制培养的特殊教育专业。在高职院校与应用型本科院校开展康复治疗学(面向视障生)、视觉传达设计(面向听障生)专业的专升本合作基础上,打通省域相关特殊教育师范类专业与本科高校的一体化"立交桥",加快构建中职、高职、应用型本科一体化的融合教育人才培养模式,形成省域特殊教育中高本一体化改革示范区。

### (五)类型教育视角下特殊教育中高职一体化的实践路径——五维共进模式

作为类型教育的一个种类,职业教育的发展归根到底要落实到人才培养的类型特色上。特殊教育中高职一体化的实践路径需要涵盖三个方面的内容:一是目标——规格体系,主要是指特殊教育中高职一体化的人才培养目标;二是内容——方式体系,主要是指特殊教育中高职一体化的方法、手段、路径等;三是制度——保障体系,主要是指如何保障特殊教育中高职一体化人才培养的顺利实施。基于职业教育具有的职业契约精神、技术领域逻辑和产教融合形态的类型教育特征,可从以下五大维度进一步优化特殊教育中高职一体化的发展思路。

一是教育部门进一步规范特殊教育中高职一体化,在制度上确保专业目录的编制和专业标准的建设。特殊教育中高职一体化改革要求进一步整合统一的、适合残疾人的专业目录,在专业划分中较好地体现专业和行业的关系、专业与职业的关联,努力实现专业对接行业,专业链接职业岗位,凸显残疾人职业的引领性和拓展性。只有当特殊教育中高职的专业目录之间有了衔接性和连贯性,特殊教育中高职一体化的人才培养目标定位才有据可依。目前,特殊教育中高职"同名专业异质"或是"异名专业类似"现象时有发生,专业目录修订各自为政的局面亟待打破,需要教育主管部门加强特殊高等职业教育专业设置的标准建设和专业目录的编制,从而规范特殊教育中高职一体化衔接各专业大类的名称和可衔接专业的名称,让中高职一体化有章可循、有据可依。

二是地方政府加强中、高职统筹管理,根据当地经济产业调整和引导新专业设置。特殊教育中高职一体化改革需要加强政府统筹和政策导向,做好学校布局、专业布局、招生就业等方面的统筹,打通中、高职学校外部管理壁垒,对中高职一体化在内容、形式、路径上进行统一合理规划,积极开展中高职一体化招生、就业制度改革,统筹制定人才培养方案,构建无缝衔接贯通体系。2022 年 11 月,中国残联、教育部、中央编办、国家发展改革委、财政部、人力资源和社会保障部、住房和城乡建设部等七部门联合印发了新修订的《残疾人中等职业学校设置标准》(以下简称《标准》),此次修订是继 2007 年中国残联、教育部印发《残疾人中等职业学校设置标准(试行)》后的首次修订。《标准》提出,"残疾人中职学校要根据社会需要和残疾人的身心特点合理设置专业,常设专业一般不少于 4 个,学历教育在校生规模一般不少于 300 人,班额原则上为 8 到 20 人。学校教职工与在校生比例不低于 1:5,其中,每 15 名学生配备 1 名相关辅助专业人员,专任教师数不低于本校教职工总数的 60%,'双师型'教师不低于本校专业课教师数的 50%"。与残疾人中等职业学校相比,特殊高等职业教育院校目前尚未形成官方设置标准,参照《高等职业学校设置标准(暂行)》(教发〔2000〕41 号)管理,在管理团队、教师队伍、专业设置、课程设置、在校学生、人数土地与校舍等方面与特殊教育匹配程度不高,亟待出台官方设置标准,不仅为新建特殊高等职业教育院校提供基本依据,也对已有的特殊高等职业教育院校起规范作用。

三是多主体评估中高职开设的相同专业之间是否建立了联系紧密的递升关系。一方面,特殊教育中职学校应积极拓展具有区域特色的专业,以特殊教育高职学校专业设置为导向,合理开设专业课,以实现中职专业与高职专业基本对应。另一方面,特殊教育高职学校要充分利用中职学校的专业资源,在中职院校的基础上设置新专业、新课程,以解决部分专业的中职生"升学难"问题,高职阶段的专业设置必须高于中职的专业设置,以便残疾学生根据自身特长和兴趣自主选择;课程设置应结合职业资格证,并让中职课程实现拓展和延伸。中高职不同阶段,实训实践教学应统筹设置,文化基础课和技能学习均应体现出逐级上升、不断拓展的态势。为达到双方良好衔接,建议由高职统筹人才培养方案的制订与落实,教育主管部门、残疾学生、家长代表、企业代表共同参与。

四是依托国家职业标准,在职业分析的基础上构建特殊教育中高职一体化课程体系。所谓职业分析是指对特定职业和职业群进行系统分析,以明确该职业对从业者必备知识和能力的具体要求。研究人员在课程开发之初,通过专业调研掌握人才结构现状、专业发展趋势、人才需求状况,归纳出职业群中每个职业或多数职业都需要的能力、技能、知识,寻找贴近职业、贴近不同残疾学生的起点水平、接受能力、可用学时等因素,制定适宜的课程目标,编订适合的课程标准,开发特需的课程模块和评价标准。根据职业岗位的工作内容要求,全面统筹中高职教育内容,保证知识的连贯性和整体性,构建由文化课、专业课、专业选修课、公共选修课、实训课等共同组成的中高职衔接课程体系。从宏观层面确保中高职教育的人才培养方向一致,同时又能保证中高等职业课程之间的发展性和连续性。

五是健全残疾人职业能力测评体系,利用学分银行等平台实现中高职课程的弹性衔接。保障特殊教育中高职教育质量能够在较高水平上达到统一和衔接,建议尽快形成全国统一的职业标准、评价原则和认证要求。首先,持有能力资格认证的学生能够在不同的中高等职业院校之间学习和流动,拓宽残疾学生的专业、院校选择余地,在某种程度上使残疾学生专业选择不再单一,有效贯通中职生的升学路径。其次,有了统一的能力标准,资格持有者可以将修好的积累学分绩点,寄存在中高职院校的教务管理个人学分银行系统档案里,待一定时间内获得规定学分绩点后可申请获得毕业证书或保留学籍先工作后上学或在职考学或工学交替。通过校际间学分的设定与转换,学生可以根据自己的实际情况制订和实施个性化学习计划,保障职教生课程不同层面能够有效衔接起来。这种不受时间限定,不受课程束缚的灵活、自主、有弹性的管理制度,能最大限度地满足中职生弹性学习的诉求。

# 第二章　逻辑起点：以职业发展促进
## 残疾人共同富裕

　　职业教育作为与经济社会发展结合最为紧密的类型教育，在服务残疾人事业高质量发展，促进残疾人共同富裕的过程中发挥着不可替代的作用。残疾大学生只有适应市场和社会，才能证明特殊高等职业教育改革的成效，就业既是残疾大学生职业发展的目标和起点，也是其融入社会、实现自我的体现。本章重点回答特殊高等职业教育如何服务残疾人事业高质量发展、促进残疾人共同富裕的三个问题，即内涵特征（什么是以特殊高等职业教育促进残疾人共同富裕？）、现实意义（为什么要以特殊高等职业教育促进残疾人共同富裕？）、实现路径（怎样以特殊高等职业教育促进残疾人共同富裕？）。

## 第一节　推进残疾人共同富裕的逻辑与内涵

### 一、内涵特征：什么是以特殊高等职业教育促进残疾人共同富裕

（一）什么是共同富裕

　　就业，处于第一次分配的核心地位，是个人体现社会价值与实现融合的重要形式。近年来，党和国家高度重视残疾人就业，坚持实施劳动福利型残疾人就业政策。工资性收入和经营性净收入是残疾人家庭举足轻重的收入来源，调查显示，2020 年两者占全国残疾人家庭总收入的 48.5％。"十三五"期间，通过着力完善促进残疾人就业的各项政策措施，加大残疾人职业技能培训和就业服务，残疾人多渠道、多层次、多形式就业的格局进一步形成，城乡新增就业残疾人 180.8 万人，残疾人就业规模每年均稳定在 800 万人以上，

2020 年、2021 年分别达到 862 万人和 881.6 万人①。

"富裕"反映了社会对财富的拥有，是社会生产力发展水平的集中体现；"共同"则反映了社会成员对财富的占有方式，是社会生产关系性质的集中体现。共同富裕包含着生产力与生产关系两方面的特质，其从质的规定性上确定了共同富裕的社会理想地位，使之成为社会主义的本质规定和奋斗目标。物质生活的富裕、精神文化生活的丰富、人的自身文明素质的提高，这三方面的有机结合，构成社会主义共同富裕的鲜明特征。通俗地说，共同富裕就是让更多的人有能力创造财富。三个关键词"更多""有能力""创造财富"，对应特殊高等职业教育的内涵特征，即"有序扩大招生规模""不断延伸办学层次""重点提升教育质量"。职业教育与社会文明和经济发展紧密联系，与区域产业特征和地方文化特点息息相关。职业教育所具备的就业性导向，在特殊高等职业教育发展过程中表现得尤为明显。特殊高等职业教育院校应根据区域产业特点、残疾学生与健全学生特点，以市场需求为导向，贯彻职业教育与就业相结合的原则，建设一批与残疾人事业相结合的专业。

### （二）特殊高等职业教育促进残疾人共同富裕的重点维度

接受教育是实现残疾人价值和高质量就业的前提条件。通过提升残疾人受教育水平，为促进残疾人共同富裕提供内生动力和战略支撑。"十三五"期间，国务院修订《残疾人教育条例》，教育部、国家发展改革委、财政部、中国残联等共同实施两期特殊教育提升计划。到"十三五"末，残疾儿童少年接受义务教育比例达到 95%，全国特教学校达 2244 所、在校生 88.08 万人、特教专任教师 6.61 万人，比"十二五"末分别增加 9.3%、99.2%、31.4%。

以浙江为例，依据《中国残疾人联合会关于支持浙江残疾人事业高质量发展促进残疾人共同富裕的实施意见》（残联发〔2021〕38 号），可以从残疾人共同富裕全面融入中心大局、分类分层实施扶持、数字化改革三个维度来理解如何推进特殊职业教育促进残疾人共同富裕：一是宏观维度。全面融入残联工作、职业教育的中心大局，对照浙江省高质量发展建设共同富裕示范区实施方案中的"完善特殊教育、专门教育保障机制，提升教育品质，推进融合

---

① 程凯.促进残疾人事业全面发展 扎实推进残疾人共同富裕[J].残疾人研究,2022(2):3-11.

教育"要求,全面展示中国特色社会主义制度优越性。二是类型维度。分类分层推进残疾人共同富裕,"分类"即按照听障、视障、肢残等不同残疾类型、程度实施职业教育,"分层"即在办好专科层次的职业教育的同时,探索"中高本硕一体化"的学制延伸与衔接,初步构建起现代特殊高等职业教育体系。三是形式维度。以数字化改革促进残疾人共同富裕,通过完善数字校园治理制度规范体系,打造一体化智能化公共数据中枢平台,贯通教育教学(科研)、学生管理、师生服务、后勤保障等数字综合应用场景,推进 N 个特殊高等职业教育校园项目,为促进残疾人共同富裕探索数字化改革的校园先行区。

**二、现实意义:为什么要以特殊高等职业教育促进残疾人共同富裕**

现阶段,特殊高等职业教育要充分利用新时代职业教育的发展红利,实现教育层次和教育质量的"双提升",这是有效促进残疾人自我与职业双重发展,促进残疾人共同富裕最关键、最重要的环节。

(一)促进残疾人共同富裕是社会主义制度的必然要求

习近平总书记在致中国残疾人福利基金会的贺信中指出,"让广大残疾人安居乐业、衣食无忧,过上幸福美好的生活,是我们党全心全意为人民服务宗旨的重要体现,是我国社会主义制度的必然要求"①。共同富裕是社会主义的本质要求,是包括残疾人在内的全体人民的共同期盼,特殊教育高质量发展与促进残疾人共同富裕是一个相互促进、螺旋式上升的发展过程。在这个过程中,我们既要探讨残疾人作为"人"的普遍性在接受职业教育过程中的共通价值和路径,又要在此基础上对特殊高等职业教育的定位、指标和路径进行必要的特殊性关切,以辩证的思维阐释特殊高等职业教育,在实践中和理论上处理好一般性和特殊性的关系,促进残疾人作为"人"的主体认同,使更多残疾人成为特殊高等职业教育的受益者、社会财富的创造者和共享者。

(二)促进残疾人共同富裕是新时代特殊高等职业教育改革的职责所在

就业处于残疾人第一次分配的核心地位,教育、健康处于为就业保驾护航的基础地位,也是残疾人最重要的基本公共服务需求。近年来,《国家职业教育改革实施方案》《职业教育提质培优行动计划(2020—2023 年)》《关于推

---

① 习近平.习近平致中国残疾人福利基金会的贺信[J].中国残疾人,2014(4):4.

动现代职业教育高质量发展的意见》等文件相继发布，职业教育呈现"大规模、大幅度、大改革、大发展、大覆盖、高标准、高质量"的"五大两高"特色。2023 年，高校残疾人毕业生达 31843 人，相较 2022 年高校残疾人毕业生29549 人，增长约 6%，规模创历史新高①。2023 年 3 月，中国残联、教育部、人力资源和社会保障部联合启动 2023 年全国高校残疾人毕业生就业帮扶行动，建立部门间残疾人大学生信息交换机制，及早建立"一人一策"就业服务台账，开展"一对一"精准就业服务。

### （三）促进残疾人共同富裕是特殊高等职业教育院校的责任担当

特殊高等职业教育以专门类院校为主，我国现有浙江特殊教育职业学院、山东特殊教育职业学院、云南特殊教育职业学院、辽宁特殊教育师范高等专科学校四所专门类特殊高等职业院校，以上院校招生以残疾学生为主，以健全学生为辅。同时南京特殊教育师范学院、襄阳职业技术学院、长沙职业技术学院、河南推拿职业学院等普通高等院校开设相关的二级学院。特殊高等职业教育院校坚持以服务残疾人和残疾人事业为办学定位，探索构建"残健融合 协同共培"的特殊高等职业教育育人模式，把促进残疾人共同富裕摆在学校中心工作的重要位置。

残疾人共同富裕是一项惠及全体人民的民生工程，要重点处理好院校的内生发展与社会外延支持的关系。一方面，重视"造血式"的院校内生发展。在全社会营造实干增收、自立自强、创新致富的良好氛围，专门类特殊高等职业教育院校与普通高等职业院校二级学院发展并行，推动特殊高等职业教育和残疾人职业培训不断深化，切实增强残疾群体的"造血"功能，为实现共同富裕提供不竭动力。另一方面，重视"输血式"的社会外延支持。政府部门大力加强基础性、普惠性、兜底性残疾人民生保障建设，通过切实提升特殊教育保障力度和保障水平，加强特殊职业教育师资队伍建设，完善特殊职业教育学校管理等，切实增强残疾学生的获得感、幸福感、安全感。

---

① 中国残疾人联合会官方网站.中国残疾人联合会 教育部 人社部共同启动 2023年高校残疾人毕业生就业帮扶行动[EB/OL].（2023-03-17）[2024-02-27].https://www.cdpf.org.cn/xwzx/clyw2/f32229108fe54539888c3e445a7da51b.htm.

## 三、发展趋势:怎样以特殊高等职业教育促进残疾人共同富裕

(一)政治引领:以更高的站位和更深厚的感情,做实做细做好特殊高等职业教育

"知者行之始,行者知之成。"方向是本,行动是形,本正则形立。党的二十大报告提出,"完善残疾人社会保障制度和关爱服务体系,促进残疾人事业全面发展","加快义务教育优质均衡发展和城乡一体化,优化区域教育资源配置,强化学前教育、特殊教育普惠发展,坚持高中阶段学校多样化发展,完善覆盖全学段学生资助体系"①。深入领会贯彻习近平总书记关于残疾人事业发展的重要论述、指示精神,以立德树人根本任务为价值导向,牢固树立服务残疾人和残疾人事业发展的高等职业教育办学宗旨,真正当好残疾人的"第一知情者、第一代言人、第一维护者"。

习近平总书记关于残疾人事业的重要论述是总书记留给残疾人工作者的红色印记和宝贵财富,为新时代残疾人工作者提供了工作思路,指明了工作方向,创新了工作方法。该论述蕴含着中国式现代化的人权内涵,与扎实推动特殊高等职业教育在理论指向、现实依据、价值取向等方面具有内在一致性。

从理论指向来看,习近平总书记关于残疾人事业的重要论述蕴含着深刻的人权思想,与习近平总书记关于尊重和保障人权的重要论述,一脉相承、一以贯之。中国式现代化进程中的人权更加全面广泛、更加平等公平、更加合理包容。真正弄通悟透习近平总书记关于残疾人事业的重要论述,理解残疾人工作者为什么要贯彻好、怎样才能贯彻好习近平总书记关于残疾人事业的重要论述等系列问题,才能积极履行残联组织"代表、服务、管理"职能,聚焦特殊高等职业教育的短板弱项、特色亮点,促进形成具有现代职业教育特点的特殊高等职业教育的系统架构。

从现实依据来看,以习近平总书记关于残疾人事业的重要论述推动特殊高等职业教育发展是残疾人事业高质量发展的重要密码,是经受过往实践检

---

① 习近平.高举中国特色社会主义伟大旗帜 为全面建设社会主义现代化国家而团结奋斗——在中国共产党第二十次全国代表大会上的报告(2022 年 10 月 16 日)[M].北京:人民出版社,2022:48.

验的先进经验。我国特殊高等职业教育创办至今，不断发展、成长、壮大，针对残疾学生人才培养中与社会环境脱节、教学资源支撑不足、多元化发展需求满足不充分等问题，持续深化职业教育改革①。

从价值取向来看，以习近平总书记关于残疾人事业的重要论述推动特殊高等职业教育发展，是一条符合中国国情的残疾人事业发展之路，深刻体现了"共富路上残疾人一个都不掉队"的价值取向。在发展基本方向上，坚持发展生产力和共同富裕的原则，立足于改善全体人民的生活和促进全体人民人权的发展；在残疾人人权轻重缓急上，强调生存权、发展权的首要地位，同时兼顾政治、经济、社会、文化权利和个人、集体权利的全面发展；在促进和保障残疾人事业的方式方法上，强调稳定是前提，发展是关键，改革是动力，法治是保障。

**（二）内容维度：打造全生命周期的特殊高等职业教育体系**

一是从"高等职业教育"到"中高本一体化"，提升教育层次和教育质量。以浙江特殊教育职业学院为例，2021年，学校出台全国首个省域《特殊高等职业教育中高职一体化改革方案》（试行），与浙江省11个地市特殊教育中职学校签订院校共建教师发展学校合作协议，与中职学校开展聋人中西面点工艺、盲人康复治疗技术专业的中高职一体化培养基础上，落实"制定一体化人才培养标准"等十大改革任务，完善一体化人才培养机制。在与应用型本科院校开展视觉传达设计（听障）、康复治疗学（视障）专业的专升本联合培养的基础上，出台本科生考研奖励机制，高职"娘家"助力学生"升本科""考研究生"，打通特殊高等职业教育中职、高职、应用型本科一体化的"立交桥"，畅通高素质的特殊高等职业教育人才成长渠道。

二是从"职前培养"到"职后培训"，探索残疾人学历教育与非学历教育协调发展。特殊高等职业教育院校作为全国、省域范围内的特殊高等职业教育师资继续教育基地、残疾人职业培训（工匠培育）基地，承担残疾人职业技能培训、残联系统干部培训、社会委托培训、职业技能鉴定等服务项目。通过学历教育与非学历教育协调发展，职前培养与职后培训有机衔接，建立起布局

---

① 黄华，黄宏伟.残健融合，创新特殊高职教育育人模式[J].现代特殊教育，2023（13）：70-71.

合理、学段衔接、医康教结合、普职融通的特殊高等职业教育体系，扩大特殊高等职业教育公共服务供给，提升民生保障和社会服务能力。

三是从"校内教育"到"区域帮扶合作"，以"走转改 三服务"2.0版解决特殊高等职业教育区域发展不平衡问题。依托东西部地区特殊教育发展联盟等平台，针对特殊高等职业教育事业区域发展不平衡的现状，按照"多对一""一校帮扶一方向"等"组团式"援助原则，在学校规划、专业建设、师资培养、信息化建设、合作办学等方面精准发力，巩固拓展脱贫攻坚成果，实现帮扶地区特殊高等职业教育提质培优。

（三）价值取向：创新"残健融合 协同共培"的育人模式

一是从"专业"到"专业群"，实现专业集群式发展。山东特殊教育职业学院现有艺术设计与工艺（特殊教育）、教育康复两个省级高水平专业群，浙江特殊教育职业学院现有特殊教育1个省级高水平专业群。特殊高等职业教育院校基于"产业链—人才链—教育链"，按照"集约建设、集群发展、校企共建"的思路，以办学条件基础好、长线需求大、面向残疾学生的专业为核心，构建"职业岗位相继、技术领域相近、专业基础相通、教学资源相融"的专业群，提升专业群服务残疾人和残疾人事业的能力。

二是从"共学"到"共赢"，打造残健融合式人才培养模式。浙江特殊教育职业学院根据听障、视障、肢残等不同残疾学生的类别和接受能力，依托融合课程、融合社团、融合寝室等不同的融合载体，提高残疾学生和健全学生的融合程度。通过残健学生的共学、共享、共创、共促、共赢，体现教育公平，实现残疾学生与健全学生共同成长；强化残疾学生的"感恩教育"，实现从"感恩于心"到"回报于行"；提升健全学生的荣誉感、获得感，实现从"爱心助残"到"个人价值"的升华。

三是从"公益慈善助残"到"名家助力特殊教育"。通过"名家助力特殊教育"等院校公益文化活动品牌，聘请百位教育名家、医生、企业家、残奥会体育明星、非物质文化遗产传承人等作为"爱心导师"，建立"大师工作室"、产业学院，通过"学历＋技能＋创业"，形成专业化、本土化、精英化的残疾人就业模式，让学生真切感受到"以特殊高等职业教育高质量发展，促进残疾人共同富裕"同频共振的社会氛围。

（四）发展模式：探索"富有张力"的类型教育发展模式

一是实施数字化改革，重构特殊高等职业教育治理新模式。重点把握顶层设计与基层探索的关系、短期突破与长期规划的关系、数字赋能与制度重塑的关系。将数字化改革与特殊高等职业教育教学和管理实践深度融合，面向数字经济，开展数字媒体艺术设计专业建设、虚拟仿真实训基地等项目共建共享，促进数字化改革与专业建设、课堂教学、校内实训、实践实习、创新创业等各个环节的深度融合。

二是依托特殊教育资源中心，寻求功能、资源、服务新支撑。以特殊教育资源中心为功能支持，以专业研究人员为主体，形成集图书资料、教辅工具、康复器材、学习用具、辅助技术、资源教师、志愿服务于一体的特殊教育资源支持中心。开展为残疾学生提供特殊需求评估和支持、提升特殊教育学校教材和教学资源等建设、盲文点字试卷翻译与刻印、普通教材转译为盲文读物或者有声读物、整理加工各种类型无障碍学习资源、收集残疾学生专业和社会服务信息等具体服务。共享特殊高等职业教育学校已有的国家通用手语推广研究中心、残疾人康复人才培养改革试点、残疾人职业能力测评点等资源，为需要支持的各类融合教育院校提供指导服务。

三是成立特殊高等职业教育研究院、职教集团，打造研究、咨询、联动新高地。将研究院打造成为集发展规划、理论研究、信息服务、政策推广、决策咨询于一体的新型智库。

四是建设残疾儿童教育康复示范基地、"残疾人之家"，形成可展示、可应用、可推广的新品牌。通过附属幼儿园、"残疾人之家"等项目，落实民生实事工程，打响残疾人共同富裕的品牌。

# 第二节　职业教育改革背景下特殊高等职业教育发展的红利

特殊高等职业教育院校普遍从特殊教育培训学校、中等职业教育学校升格发展而来，亟待从传统型高校向现代化高校、从粗放式管理向精细化管理、从单一型路径向多元化道路转变。党的二十大报告指出"教育、科技、人才是全面建设社会主义现代化国家的基础性、战略性支撑"①。黄炎培先生认为，职业教育有三大宗旨，"为个人谋生之准备""为个人服务社会之准备""为世界、国家增进生产力之准备"，职业教育的目的是"使无业者有业，使有业者乐业"。特殊高等职业教育随着时代的变迁，功能也相应发生变化，从最初强调帮助残疾人掌握一技之长，转向服务地区经济高质量发展、更好地促进教育公平、打造技能型社会等多维度。近年来，《国家职业教育改革实施方案》《职业教育提质培优行动计划（2020—2023年）》《关于推动现代职业教育高质量发展的意见》等文件相继发布，职业教育发展的红利直接推动了特殊高等职业教育的发展。

## 一、横向对比中确立了"不同类型、同等重要"的办学定位

2022年5月新修订的《职业教育法》明确："职业教育是与普通教育具有同等重要地位的教育类型……国家采取措施，组织各类转岗、再就业、失业人员以及特殊人群等接受各种形式的职业教育，扶持残疾人职业教育的发展……国家采取措施，支持残疾人教育机构、职业学校、职业培训机构及其他教育机构开展或者联合开展残疾人职业教育。"以上为"谁来办特殊高等职业教育、办好特殊高等职业教育需要做哪些工作、国家为支持特殊高等职业教育提供哪些制度支持"指明了方向，通过特殊高等职业教育的提质扩面，加快构建面向全体人民、贯穿全生命周期、服务全产业链的特殊高等职业教育体系，助推残疾人共同富裕，这彰显了新时代特殊高等职业教育的重要地位和作用。

## 二、纵向发展中确立了"中职—高职—应用型本科"的办学体系

高等职业教育院校在中高职一体化发展中起牵头、引领作用，特殊高等职业教育应以精准定位人才培养目标为起点，实现特殊高等职业教育人才培养与当地区域经济发展需求精准对接，各专业人才培养目标与不同类型、不同残疾程度的残疾人就业岗位精准对接。在此基础上重构课程体系、协同育人模式、推动中高职一体化教育，培养高质量的满足经济社会发展需求的残疾人专门人才。

---

① 习近平.高举中国特色社会主义伟大旗帜 为全面建设社会主义现代化国家而团结奋斗——在中国共产党第二十次全国代表大会上的报告（2022年10月16日）[M].北京：人民出版社，2022：33.

### 三、全面落实现代化职业教育体系建设改革重点工作

2023 年 7 月,《教育部办公厅关于加快推进现代职业教育体系建设改革重点任务的通知》(教职成厅函〔2023〕20 号)文件指出:"有效实现区域联动、政行企校协同的职业教育高质量发展新机制,有序有效推进现代职业教育体系建设改革。"①明确了新阶段职业教育改革"一体、两翼、五重点"的一系列重大举措。其中,"一体"即探索省域现代职业教育体系建设新模式,"两翼"即市域产教联合体和行业产教融合共同体。面对现代职业教育体系建设改革新任务,特殊高等职业教育亟待转型与升级。

(一)打造市域产教联合体

要正确理解市域产教联合体的内涵,就要跳出教育本身去审视职业教育的历史使命。新时代职业教育需要"功能解构"与"体系重构",要立足服务人的全面发展、服务经济社会发展和服务国家发展战略来思考职业教育,以"大职教观"推动职业教育改革②。一是充分发挥政府主导作用。传统的校企合作只是基于合同的契约性合作,相对而言比较松散,而现在联合体的形式更便于进行混合所有制改革,实施实体化运作,使双方紧密捆绑在一起。建立政行企校密切配合、协调联动的工作机制,推动成立特殊高等职业教育市域产教联合体,并实体化运作。二是广泛开展中国特色学徒制培养。引导特殊高等职业教育市域产教联合体内企业广泛接收职业院校学生开展实习实训,支持学校服务企业技术创新、工艺改进、产品升级,促进教育链、人才链与产业链、创新链紧密结合。三是结合特殊高等职业教育院校实际,在已有的省域特殊高等职业教育集团、产业学院、生产性实训基地基础上,围绕"市域产教联合体建设指标"内的"基本情况、运行机制、共建共享、人才培养、服务发展、特色创新、其他"等七项指标进行评估,创新区域特殊职业教育专业统筹、区域特殊职业教育技术技能人才供给,推进市域产教联合体实体化建设。四是强化优质资源特别是职业教育资源的下沉、整合,使一个区域内不同政府部门、行业、企业与中职、高职、本科院校的优质教育更好地整合在一起。五

---

① 教育部办公厅关于加快推进现代职业教育体系建设改革重点任务的通知(教职成厅函〔2023〕20 号)[EB/OL]. (2023-07-07)[2024-02-27]. https://www.gov.cn/zhengce/zhengceku/202307/content_6892671.htm.

② 刘晓.以产教联合体推动区域职业教育提质增效[N].中国教育报,2023-05-16(5).

是强化区域内人才系统化的培养。企业真正深度参与到职业教育办学和人才培养中,双方围绕园区产业共同制定更加落到实处的适应区域发展的人才培养方案。适时由特殊高等职业教育院校牵头申报省级乃至国家级市域产教联合体,在协调服务等具体工作上发挥主体作用。

### (二)打造行业产教融合共同体

根据国家《职业教育产教融合赋能提升行动实施方案(2023—2025年)》《行业产教融合共同体建设指南》,由一家行业龙头企业、一所高水平高等学校、一所职业学校牵头建设融合共同体,发挥各建设主体作用,推动产教全要素融合。牵头企业应在所属行业有重要影响力和话语权,能够统筹行业产业资源,并在共同体内切实起到统筹、牵头作用,鼓励中央管理企业、中国500强企业、产教融合型企业等牵头组建。牵头的高水平高等职业学校的优势学科应与共同体行业领域相符,有明确的科技攻关方向和团队,有硕士学位、博士学位授予权。牵头职业学校的特色专业(群)应与共同体行业领域相符,人才培养质量高,设有独立的社会培训机构或继续教育机构,广泛开展各类培训。特殊高等职业教育院校应建立健全实体化运行机制,有组织地开发优质教学评价标准、专业核心课程、实践能力项目和教学装备,结合艺术设计与工艺(面向残疾人方向)、特殊教育(面向残疾人事业方向)等专业群的发展实际,基于教育康复、数字媒体艺术设计等领域构建生产性实训基地、虚拟仿真实训基地,辐射带动高科技辅具、残疾人康复等相关产业领域的实习实训、员工培训等。

### (三)建设开放型区域产教融合实践中心

对标产业发展前沿,建设一批集实践教学、社会培训、真实生产和技术服务功能于一体的学校实践中心、企业实践中心和公共实践中心。积极协调各类资源,加强经费和人员投入,围绕企业生产经营过程中的关键问题开展协同创新,聚焦行业紧缺高技能人才开展联合培养,产出一批支撑区域产业和经济社会高质量发展的突出成果。结合特殊高等职业教育院校实际,依托专业打造产教融合实践工坊,如"非遗手工技艺"虚拟仿真展示体验中心,对标残疾人非遗工艺美术品设计、茶艺与茶文化等产业发展前沿,打造产教深度融合、校企共建共享、集"生产+教学+科研+培训+创新创业+社会服务+实习就业"于一体的多功能综合型实践教学基地。

**（四）持续建设职业教育专业教学资源库**

适应职业教育数字化转型趋势和变革要求，亟待加快构建"中职—高职—职教本科"全覆盖的职业教育专业教学资源库共建共享体系。涵盖专业人才培养方案、课程教学资源、知识图谱、必备技能以及对应的职业岗位标准，覆盖全部专业核心课程，扩展建设必要的专业基础课程，为学习者提供便捷高效的全流程学习服务。结合特殊高等职业教育院校实际，探索依托本科师范类院校的外部优势，优先支持特殊教育专业群开展专业教学资源库建设。一是基本资源建设，应以专业教学内容与课程体系改革为前提系统设计，以碎片化的资源建设为基础，以结构化的课程建设为骨架，充分发挥多媒体技术展示资源的优势，覆盖专业所有基本知识点和岗位基本技能点。二是拓展资源建设，根据产业发展要求和不同用户的个性化需求，有针对性地开发建设拓展资源，增强资源建设的普适性。拓展资源应体现行业发展的前沿技术和最新成果。三是分层建设，库内资源应包括素材、积件、模块和课程等不同层次。素材指最基础的、碎片化的资源；积件指以知识点、技能点为单位，多个内在关联的素材结构化组合形成的资源；模块是以学习单元、工作任务等项目为单位，多个知识点、技能点结构化组合形成的资源；课程应包含完整的教学内容和教学活动，包括教学设计、教学实施、教学过程记录、教学评价等环节，支持线上教学或线上线下混合教学。资源库提供的课程体系应涵盖所属专业的全部专业主干课。

**（五）建设职业教育信息化标杆学校**

积极落实《教育部关于发布〈职业院校数字校园规范〉的通知》（教职成函〔2020〕3号），建设一体化智能化教学、管理与服务平台，持续丰富师生发展、教育教学、实习实训、管理服务等应用场景。结合特殊高等职业教育院校实际，探索加大财政支持力度，开展系统设计校本数字化整体解决方案；组织学校有序接入国家职业教育智慧平台、全国职业教育智慧大脑院校中台，接受管理监测。

**（六）开展职业教育一流核心课程建设**

以专业核心课程改革为切入点，并充分纳入新技术、新工艺、新规范，课程设计符合因材施教规律，并充分融入课程思政，教学实施符合以学生为中心理念，并充分运用数字技术手段结合特殊高等职业教育院校实际，深化产教融合、提质培优、增值赋能,每年培育、立项校级在线精品课程,培育省级乃至国家级在线精品课程。创新课堂教学模式,鼓励思政课教师与专业课教师合作备课,把课程思政元素充分融入课堂教学,确保各类课程与思政课程同向同行。结合地区、行业特色和学校校园文化,发挥专业和师资优势,打造一批课程思政特色课程。优化课程思政第二课堂建设路径,建立第一课堂和第二课堂的沟通机制,增强课程思政的时效性。按照社会实践、志愿服务、实习实训、创新创业等板块,分类构建课程思政第二课堂课程建设体系。发挥第二课堂育人功能。充分挖掘区域优质育人资源,积极开展第二课堂教育活动,邀请百位名家助力特殊教育,开展"残健融合大实践""自强加油站"等社会实践、志愿服务、创新创业活动等,让学生在特色鲜明的第二课堂中学会做人做事做学问,不断提升综合素养。

（七）开展职业教育优质教材建设

根据《教育部办公厅关于印发〈"十四五"职业教育规划教材建设实施方案〉的通知》(教职成厅〔2021〕3号)推进教材建设,鼓励行业牵头或行业、企业、学校等共同开发科学严谨、内容丰富、形态多样、反映行业前沿技术的优质教材,尤其是面向残疾学生相关专业的特色教材。结合特殊高等职业教育院校实际,打造一批省级重点规划教材。以浙江特殊教育职业学院为例,2023年获批立项《师范生劳动教育教程》《培智学校转衔服务工作实务》《手语口译实训》《常见疾病康复》《职业生涯规划与就业创业指导（特殊院校适用）》等5本浙江省"十四五"首批重点教材建设,每年培育、立项6本左右校级新形态教材,鼓励行业组织、企业等参与职业教育专业教材开发,将新技术、新工艺、新理念纳入职业学校教材。建立健全教材选用和编审制度。依托学校教材工作委员会,优先选用"十四五"国家规划教材,确保优质教材进课堂。

**四、实施高职院校千万扩招计划**

习近平总书记指出:"要加快建成适合每个人的教育,努力使不同性格禀赋、不同兴趣特长、不同素质潜力的学生都能接受符合自己成长需要的教育。要加快建成更加开放灵活的教育,努力使教育选择更多样、成长道路更宽广,使学业提升通道、职业晋升通道、社会上升通道更加畅通。"[①]2019年5月,教

---

① 习近平.习近平谈治国理政(第三卷)[M].北京:外文出版社,2020:348。

育部等六部门联合印发《高职扩招专项工作实施方案》(教职成〔2019〕12号),全面深化职业教育改革,统筹做好计划安排、考试组织、招生录取、教育教学、就业服务及政策保障工作,确保稳定有序、高质量完成扩招工作任务而制定的法规。2022年3月1日,教育部召开新闻发布会,2021年教育事业统计数据结果显示,高职扩招任务圆满完成,三年共完成高职扩招413.31万人;职业本科教育开局良好,本科层次职业学校32所,职业本科招生4.14万人,在校生12.93万人①。高职院校千万扩招计划赋予新时代特殊高等职业教育发展新空间,覆盖的残疾学生群体更为广泛。以浙江特殊教育职业学院为例,自2019年起贯彻落实高职扩招百万任务,面向退役军人、下岗失业人员、农民工、高素质农民、企业员工和基层农技人员招生400余人,其中2021年在康复治疗技术(推拿)、康复治疗技术、电子商务3个专业招生189人,2020年在康复治疗技术(推拿方向)、康复治疗技术(老年和残疾人康复方向)2个专业招生165人,2019年在康复治疗技术(推拿)1个专业招生49人。

**五、发挥在线职业教育优势**

习近平总书记指出:"要完善全民终身学习推进机制,构建方式更加灵活、资源更加丰富、学习更加便捷的终身学习体系。"②在线职业教育可以满足不同残疾类型学生的学习、考试、培训需求,不断将在线教育拓展到"屏对屏""线连线""点对点"的云端授课,拓展到残疾人单招单考网络远程线上考试等平台。

# 第三节　现代高校五大职能视角下特殊高等
# 职业教育发展

2023年5月29日,习近平总书记主持中共中央政治局第五次集体学习,就建设教育强国发表重要讲话,科学阐释了"为什么建设教育强国""建设什

---

① 教育部:高职扩招任务圆满完成 三年扩招413.31万人[EB/OL].(2022-03-01)[2024-02-27].https://baijiahao.baidu.com/s? id=1726065657396305174&wfr=spider&for=pc.

② 习近平.习近平谈治国理政第四卷[M].北京:外文出版社,2022:340.

么样的教育强国""如何建设教育强国"三个重要问题，是新时代指导教育强国建设的纲领性文献，也为加快建设中国特色、世界一流的特殊教育指明了前进方向，提供了根本遵循①。立足新时代新征程党和国家事业发展全局，我国残疾人事业高质量发展，加强特殊高等职业教育的改革和发展力度之大前所未有。特殊高等职业教育沿着社会主义中国的高等院校"怎么办、如何干"的基本遵循和目标追求，实现了跨越式发展。

2017年2月，中共中央、国务院印发《关于加强和改进新形势下高校思想政治工作的意见》，强调"高校肩负着人才培养、科学研究、社会服务、文化传承创新、国际交流合作的重要使命"，是对新的历史条件下大学职能的统揽与指引。面对召唤与期待，特殊高等职业教育事业以时不我待的紧迫感和使命感，站在"加快建设教育强国"的战略高度，认真审视特殊高等职业教育在整个教育中的位置，奋力推进教育强国建设的新实践。

## 一、人才培养是大学的基础性、首要性职能

培养什么人、怎样培养人、为谁培养人是教育的根本问题，也是建设教育强国的核心课题。建设教育强国的目的，是培养一代又一代德智体美劳全面发展的社会主义建设者、接班人和在社会主义现代化建设中可堪大用、能担重任的栋梁之才。

基于特殊高等职业教育人才培养的独特属性，应重点处理好三对关系。一是育人目标的单向度与双向互动关系。应满足残疾大学生多样性学习需求，聚焦目标岗位核心能力的要求，构建"1＋1＋1"课程学习的进阶模式，从第一学年的通识课程理论学习，第二学年的工学交替技能训练，第三学年的企业顶岗实习就业，提升适合残疾学生的新产业、新业态岗位适应能力，形成"掌握就业技能—体面就业—出彩人生"的递进式人才培养模式。二是课程内容的知识性与实用性的关系。挖掘和提升综合职业能力是保障残疾人充分就业和高质量就业的前提和基础。通过课程内容知识性与实用性相结合，实现残疾学生综合职业能力的全面提升，不仅包括完成具体工作任务时的专业能力，还包括满足残疾人从业者全面发展以适应未来社会变化所需的核心

---

① 朱国仁.牢牢把握全面建成社会主义现代化强国的战略先导[N].学习时报，2023-12-29(1).

素养和能力,是职业活动涉及的多元能力的动态整合。三是学段设置的单一性与贯通性的关系。推进职业教育长学制培养和参与区域中高职一体化人才培养试点是促进特殊高等职业教育快速健康发展、实现特殊高等职业教育培养目标的重要举措。依托中高本一体化培养,实现特殊高等职业教育"集群效应",横向逐步发展为服务于特殊高等职业教育的事业线,形成企业(公益组织)支持特殊高等职业教育、特殊高等职业教育服务企业(公益组织)的双赢局面,纵向发展为学校教育的自身发展线,联合中职学校、应用型本科学校,发挥贯通性在职业教育中的资源优势和品牌优势,以提升特殊高等职业教育的整体办学水平。

**二、科学研究是推进残疾人事业的智库支撑**

科学研究是高等学校提高教学质量和培养专门人才的重要途径,新时代要求残疾学生不仅获得知识,还要具备能力,尤其是创新才能。科学研究是一种创造性劳动,它是综合运用所学知识去创造新知识的活动。科学研究是提高高等学校教师水平的基本途径,通过科学研究扩大教师的视野,使其及时了解残疾人事业相关学术动态、残疾人高科技辅具等最新科技成果。科学研究是促进高等学校发展的重要条件,是体现高等学校办学水平的重要方面,反映了一所高校的学术水平和社会地位,科研和教学是相辅相成、相互促进的。

就特殊高等职业教育而言,发展科学研究是推进残疾人事业的智库支撑。关键在于系统梳理特殊高等职业教育的发展,阐释特殊高等职业教育的本质,深刻剖析特殊高等职业教育教师、专业、课程、教学、学生、实践、融合、保障等核心要素与发展对策;关键在于构建特殊高等职业教育的学科地位,使学科标准符合现代科学的发展需要,学科研究对象具有相对性、系统性,研究方法具有多元性,知识体系具有多向度性;关键在于协同全国特殊教育研究机构和产教融合创新资源,打造集发展规划、理论研究、信息服务、政策推广、决策咨询于一体的特殊高等职业教育新型智库。

**三、社会服务是面向残疾人、残疾人事业的初心所在**

2022年新修订的《职业教育法》破除了"矮化""窄化"职业教育的传统认知,直击改革实践中的难点痛点问题,在横向对比中确立了"不同教育类型、同等重要地位"的办学定位,彰显了新时代特殊高等职业教育的重要地位和作用。

优化职业教育的类型定位,有力地破除"重普轻职"的传统观念,从制度上为学生搭建起升学的"立交桥",从行动上践行类型教育的理念,完善高校社会服务推进机制、激励机制、联动机制,实现高校与区域经济社会互惠共赢发展。

在全面推进教育强国、推动残疾人共同富裕的新征程上,特殊高等职业教育肩负着培养更多高素质残疾人技术技能人才、能工巧匠、大国工匠的重大任务,肩负着促进教育公平、提高残疾人就业创业能力、推动共同富裕的重大使命,肩负着为不同残疾类别、不同残疾程度、残疾生健全生群体提供个性化、多样化成长成才路径的重大职责。要紧密结合实际,形成教育、培训和就业结合的社会服务机制,不仅要根据残疾人的实际状况进行专门的教育和就业培训,使他们获得参与现代生产所必需的劳动技能,还要以残疾人就业需求为出发点,加强职前培训,坚持以市场为导向,按照不同岗位的需要,有针对性地做好残疾人职业技术培训,提高残疾人就业能力,要建立健全适应社会经济发展需要、产教深度融合、职业教育和职业培训并重、职业教育和普通教育相互融通、不同层次职业教育有效贯通、服务残疾人终身学习的"全生命周期"现代特殊高等职业教育体系。以浙江特殊教育职业学院为例,2021 年,学院与 467 创意联盟联合成立 467 创业学院,康复治疗技术专业(视障学生)的"手创中医推拿"创业项目在创业学院正式运行。2023 年,学院牵头成立浙江省特殊职业教育集团,与知味观等杭州本土知名食品企业联合成立聋人烘焙产业学院,通过"学历+技能+创业",形成专业化、本土化、精英化的残疾人就业模式。学院作为全国残疾人职业教育师资继续教育基地、全国残疾人职业培训(工匠培育)基地,"十三五"期间承担残疾人职业技能培训、残联系统干部培训、社会委托培训、职业技能鉴定等服务项目 94 期,培训人数 5173人次。通过学历教育与非学历教育协调发展,职前培养与职后培训有机衔接,建立起布局合理、学段衔接、医康教结合、普职融通的特殊高等职业教育体系,扩大特殊高等职业教育公共服务供给,提升民生保障和社会服务能力。

**四、文化传承创新是残疾人文化事业的时代召唤**

文化传承创新是中华文明绵延的生动见证,具有以文化人、积聚产业、提供就业等多种功能。就特殊高等职业教育院校而言,文化传承创新的功能体现在文化管理机构、企业、社会组织和传承人的主体性上,主要采取政策激励、志愿服务、市场自发等形式,吸引和推动残疾人从事文化传承创新的学习、培训、从业、创业、生产、销售及体验服务等活动。文化传承创新能够吸引残疾人投身文化传承创新产业进而实现高质量就业,能够让更多残疾人从事文化传承和中华文化保护进而实现物质精神的"富裕",能够发挥残疾人身心特点和残疾代偿功能的优势进而促进文化事业发展①。

从文化传承创新的进程来看,要深入特殊教育学校,尤其是基础教育、高中教育阶段,让学生在广泛培养文化兴趣的基础上,将其转化为专业学习和职业规划。充分发挥特殊高等职业教育育人平台"对接外部企业"和"协调内部管理"的双重作用,推动残疾学生培养供给侧和企业需求侧的紧密对接,精准对接地方非遗文化产业的动态发展要求,推进"共同建设、共同育人、共同受益"的产教融合"双元"育人理念。从文化传承创新的教学、培训时间来看,应从短期向中长期转化,通过师徒结对等形式,做好供需对接、人员匹配、经费保障、考核评价等工作,提升残疾人文化传承创新培训的效果。浙江特殊教育职业学院立足听障学生的特点,针对产品设计、制作、传承、创新四个文化创意产业的重点领域,按照"岗位描述、任务分析、能力定位、课程重构"思路,组建以工艺美术品设计专业为龙头,以民族传统技艺专业、数字媒体艺术设计专业、中西面点工艺专业、茶艺与茶文化专业为骨干的非遗手工技艺专业群,实现专业群人才培养供给侧和文化创意产业需求侧动态匹配。同时,依托"婺州窑陶瓷烧制技艺""越窑青瓷烧制技艺""制扇技艺""铜雕技艺""扎蜡染技艺"等多个拥有国家级、省级非遗技艺的企业开展联合培养,为地方培养残疾人非遗手工技艺传承人,同时为各地市残疾人提供非遗技艺的短期培训,在促进残疾人高质量就业、实现共同富裕的同时,推进非遗文化产业的传承、延续和发展。从就业扶持政策来看,应对学有所成的残疾人实施全方位的就业扶持政策,包括校内创业孵化基地、租金减免、产业链打造等环节,提高残疾人文化传承创新就业质量和创业成功率;从常态化工作机制来看,应以残疾人非遗赛事为抓手形成"选、育、赛、用"的全周期文化传承创新助残工作机制。依托全国残疾人职业技能大赛、残疾人展能节、全国职业院校技能大赛等平台,形成选手选拔、培育、竞赛、就业指导的全链条,不断创新和改善残疾人就业服务方式。

---

① 吕明晓.非遗助残的成效、困境与高质量发展路径[J].浙江残联,2023(1-2):27-29.

**五、国际交流合作是构建新时代残疾人事业对外宣传话语体系的展示窗口**

通过"走出去、引进来"的国际交流合作形式,充分展现中国式人权保障优越性的可感知图景。一是重视教师队伍的国际化建设,积极引进特殊高等职业教育国际化人才,聘任高层次人才为客座教授或名誉教授,承办有较大影响力的国际学术会议和双边高峰论坛,提升特殊高等职业教育的国际影响力。二是推动双向留学事业发展,一方面接纳留学生来华进修、交流或学习深造,构建起项目多元、类别完备、特色鲜明的来华特殊高等职业教育留学体系;另一方面积极促进在校学生国际化视野的培养以及国际化竞争能力的提高,每年派出在校生赴国外知名高校交流、与国外高校进行合作培养等。三是积极发展中外合作办学事业,借鉴吸收国外先进的课程设置、教学内容和教学方式,促进特殊高等职业教育学科和专业建设的国际化发展,构建新时代残疾人事业对外宣传话语体系的展示窗口。

# 第三章 人才培养模式:构建"全生命周期"的人才培养体系

2022年中共中央、国务院印发《关于深化现代职业教育体系建设改革的意见》,强调将提升职业教育关键能力、提高职业教育适应性与吸引力,以及培养高素质技术技能人才作为破解职业教育发展突出问题的改革机制。所谓"特殊高等职业教育"应兼具"特殊教育""高等职业教育"的双重属性。"特殊教育"即从教育对象出发,强调满足个体康复适应的需要,提升残疾学生的机体功能和生活自理能力,实现社会适应;"高等职业教育"即从教育类型和教育层次出发,立足提升综合素质,培养具备生产、管理、经营等岗位的专业能力和时代发展所需要的创新能力、实践能力和社会责任感的高素质劳动者。特殊高等职业教育院校人才培养模式是在现代教育理论、教育思想指导下,按照"残健融合 协同共培"的培养目标和培养"残疾人高级技能人才和服务残疾人事业专业人才"的人才规格,以相对稳定的教学内容和课程体系,管理制度和评估方式,实施人才教育的过程的总和。本章通过对特殊高等职业教育院校人才培养模式中的服务体系、课程体系、实践体系、资源体系、评价体系的分析,服务特殊高等职业教育院校"生存技能掌握—高技能就业—出彩人生"的递进式人才培养目标。

# 第一节　人才培养服务体系

## 一、人才培养服务体系综述

近年来，职业教育人才培养的功能定位由"谋业"转向"人本"，更加注重服务人的全面发展；改革重心由"教育"转向"产教"，更加注重服务经济社会发展；服务场域由"区域"转向"全局"，更加注重支撑新发展格局[①]。特殊高等职业教育院校人才培养服务体系建构须从教师发展、学生个体发展需求入手，服务人的全面发展、服务经济社会发展和服务国家发展战略，构建精准的人才培养服务体系。既往特殊职业教育人才培养服务体系研究集中在以下几个方面：

教育服务体系方面，查健等通过借鉴新西兰弱势幼儿的教育支持体系，制定教育系统支持目标，以实施系列支持项目作为弱势幼儿教育支持的途径，分析相关教职人员、资金、课程和学习场所等支持要素，构建了独特支持体系。新西兰弱势幼儿教育支持体系中项目的可操作性和连贯性及行动过程的连续性是教育质量的保障；追求教育公平必须维护学习者文化的多元性、以学习者为中心、重视多主体的协作性和指导性[②]。

社会支持体系方面，李甘菊等在认识和把握好残疾人职业教育社会支持体系对共同富裕的促进逻辑基础上，对我国现有的特殊职业教育社会支持体系展开现实审思，由社会支持理论出发，基于共同富裕的概念内涵，提出以政府支持为主导，完善顶层宏观设计，建立健全有效的统筹协调机制；以社会组织为主体，积极对接残疾学生需求，建设全纳包容环境；以非正式支持为纽带建立良好互动桥梁，营造积极情感氛围。同时，辅以行动保障、信息流动与资源共享、多维共生联动三大推进机制[③]。

总体而言，目前我国特殊职业教育人才培养服务体系存在着政府管理与

① 孙兴洋. 立足"三个服务"，绘好人才培养"施工图"[N]. 中国教育报，2023-09-12(5).

② 查健，蔡迎旗. 追求质量与公平：新西兰弱势幼儿的教育支持体系及其启示[J]. 成都师范学院学报，2023(6)：99-108.

③ 李甘菊，黄宏伟，刘晓. 共同富裕下的残疾人职业教育社会支持体系：构建理路与推进机制[J]，中国职业技术教育，2023(6)：65-72.

制度保障两翼缺位、残疾人职业教育与就业培训供需结构不合理、教师资源尚未得到完全整合、校企合作深度有待提升等问题,特殊职业教育人才培养服务体系应当向着多层次、多样化的方向发展,激发残健学生发展潜能。

## 二、人才培养服务体系典型案例:特殊教育大中小学思政课一体化实践

"一堂好的思政课应该是什么样的?","思政课面对特殊的孩子们会擦出什么样的火花?","大中小不同年段的特殊孩子们的思政课会是一个什么样的共同体?","是如盐在水、润物无声,还是要趣味与收获兼具,又或者要兼顾不同残疾类别与认知?"。浙江特殊教育职业学院牵头实施的特殊教育大中小学思政课一体化人才培养服务体系从"无障碍＋"的视角切入,实施联盟管理、制度保障、成果推广,取得了一定的成效。

一是联盟管理:画出同心圆,找到最大公约数,双向奔赴,切实增强浙江省特殊教育大中小学思政课一体化凝聚力。2023 年 6 月,由浙江特殊教育职业学院牵头成立浙江省特殊教育大中小学思政课一体化建设联盟,成员覆盖省内大中小不同学段的特殊教育院校 9 所,地区涉及杭州、宁波、温州、金华、湖州、嘉兴、丽水等,联盟成果惠及残疾学生 5000 余人。2023 年,共建设 8 个特殊教育思政课教师研修基地、3 个特殊教育"大思政"特色实践教学基地、1个中小学特殊教育职业体验基地、1 个虚拟教研室。同时建设有省高校"双带头人"支部书记工作室 1 个、"浙江省特殊教育大中小学思政课一体化建设研究与实践"获批省级"十四五"教学改革项目、"'无障碍＋'教学支持体系:特殊教育大中小学思政课一体化创新构建"获校级教学成果奖一等奖。2023 年以来,通过联盟内的交流合作,杭州文汇学校荣获 2023 年全国职业院校技能大赛思想政治课程教学能力比赛一等奖(中职组),实现大中小学思政师资"教赛一体",以联盟形式切实提高特殊教育人才培养服务体系的组织效率。

二是制度为纲:增强识变、应变、求变的信心和能力,推动建立可复制可推广的省域特殊教育大中小学思政课一体化建设样板。2023 年 12 月,浙江特殊教育职业学院牵头召开浙江省特殊教育大中小学思政课一体化建设联盟第一次联席会议,以建设联盟常态化开展联席会议为制度保障,定期研究重大合作事项,全面组织和领导建设联盟的决策和协调运行中的重大问题。原则上建设联盟每半年召开一次线下会议,必要时可召开临时会议,实现了

联盟内9所不同学段特殊教育院校思政课在工作机制、品牌活动、示范课程、优质资源、教研成果、标准范式、师资队伍的无障碍贯通。根据中共浙江省委教育工作委员会、浙江省教育厅印发《关于推进大中小学思政课一体化建设的实施意见》的通知,制定出台了域内首个《浙江省特殊教育大中小学思政课一体化建设实施方案(试行)》,从开展教学研究、促进教师发展、整合优质资源、组织实践活动、推广优秀成果五个方面明确联盟建设实施内容,切实提升联盟实效、建立高水准共建共享机制。同时,还针对特殊学校与普通学校课标不同的实际情况,参照《聋校义务教育课程标准(2016年版)》《盲校义务教育课程标准(2016年版)》,以"充分尊重残疾学生个体差异"为基础,实施以"发现自我价值"为核心的价值观引领,牵头出台《浙江省特殊教育大中小学思政一体化课程建设标准(试行)》,组织集体研读课程标准和教材、分析学情、制订教学计划、审定备课提纲、反馈教学实践信息等系列活动,为常态化开展各学段学校之间的思政课程建设、人才培养服务提供必要的制度保障。

三是成果推广:弄清道理、学理、哲理、原理"四理",切实提升浙江省特殊教育大中小学思政课一体化影响力。道理,即特殊教育大中小学思政课一体化在政策上、实践上、现实需求上的道理。把解决特殊教育各学段思政教师教学过程中存在的痛点、难点作为检验一体化成效的重要标尺。根据集体备课会上各学段一线思政教师提出的具体问题,积极开展调研活动,排摸各学校所使用的思政教材以及专兼职教师情况,通过调研开展针对性的教学研究活动。学理,即特殊教育大中小学思政课一体化的理论基础是不是符合教育规律、教学规律。面向特殊孩子们的思政课,要坚持思政工作双向互适规律,使思政教育要求和残疾学生接受能力之间保持适度张力和动态平衡;要遵循思政工作内化外化规律,通过无障碍电影、手语等各类思政教育方式方法,推动教育成效内化于心、外化于行;要恪守思政工作协调控制规律,推进不同教育主体之间互动协调,避免不同教育学段之间的生硬对接,提升教育影响的同向性与有效性。哲理,即特殊教育大中小学思政课一体化体现的哲学思想、价值追求、思想境界。浙江特殊教育职业学院首做尝试,第一阶段,面向全校残疾、健全学生融合开设"助残情怀"特色公共选修课,围绕坚持弘扬人道主义精神、尊重和保障残疾人权利、完善残疾人社会保障制度和关爱服务体系、促进残疾人事业全面发展、支持和鼓励残疾人自强不息、更好发挥志愿服务的积极作用六大主题,阐述新时代残疾人事业发展的价值理念、地位作用、目标方向、重要任务和责任要求，引导特殊教育院校学生明确"怎样认识残疾人、怎样对待残疾人、怎样做到'两个格外'、怎样实现残疾人的全面发展和共同富裕"等重要理论和现实问题。第二阶段，将逐步面向特殊教育中学、小学阶段开设符合学段教学特点的"习近平的助残情怀"特色公共选修课。原理，即提炼模式，形成范式，可复制、可推广。推进特殊教育思政队伍建设一体化方面，开展结对共建活动，大学思政课教师定点结对省内中小学特殊学校，每所结对学校开展授课和指导思政课教学每学期不少于 1 次。推进特殊教育思政教学资源一体化方面，加强特殊教育思政数字化资源建设，建设"特殊教育大中小学思政课一体化建设"教学资源库，内含各层面政策理论、联盟共建单位思政教师教学视频或者微课、名家教学视频、大学生讲思政课等视频、教案、课件、课程大纲、学生实践成果、虚拟仿真课程等。推进特殊教育思政实践活动一体化方面，做强"行走的思政课"，推进实践基地一体化，组织特殊教育学校大中小学生走进革命博物馆、纪念馆、主题展览馆，带领学生上好"行走的思政课"，做好实践教学成果总结宣传，注重思政实践教学育人成果梳理和总结，把优秀成果作为课堂教学的有效补充，形成可复制、可推广的范式。

## 第二节　人才培养课程体系

### 一、人才培养课程体系综述

现代职业教育课程体系结构可以分为公共基础课程、专业核心课程、专业拓展课程三个部分。现有研究发现：当前特殊高等职业教育课程设置中存在四方面的问题，主要包括定位模糊、科学性不强、课程目标不明确；理论性强、学科过细、教学内容不实用；重理论、轻实践、课程比例不合理；重技能、重培训、人文素养较欠缺[1]。

徐赛华提出残疾人高等职业教育课程设置就是接受高等职业教育的残

---

[1]　王得义.残疾人高等职业教育课程设置研究［D］.长沙：湖南师范大学,2010:1.

疾人在学校课程中所获得的有计划的经验的总和①,认为残疾人高等职业教育课程设置应当涵盖两个相对应的概念:显性课程和隐性课程。显性课程能使残疾大学生获得知识、发展技能、改变态度和价值,促进残疾大学生身心全面发展,为残疾大学生取得毕业资格、获取证书及进入职业领域提供物化保障。隐性课程指学校环境,包括物质、文化、人际和管理等环境中以间接的、潜在的方式呈现的课程。学生从这一过程中学习到非计划性知识、价值观念、规范和态度。隐性课程对残疾大学生发展的影响不可忽视。

关于课程编制模式,徐赛华认为由于残疾人终究要融入主流社会之中,因而残疾人高等职业教育课程编制应当采用"发展—补救"模式。"发展"是指按照健全人的发展过程、学习内容和顺序来编制残疾人高等职业教育课程。这样能给予残疾大学生与普通大学生同等的学习平台;有利于充分挖掘他们的潜能,为他们将来在职业竞争中能占有一席之地、在社会中立足生存提供有力的保障。"补救"是对残疾大学生适应环境的独特需要进行课程编制,是将课程编制的着眼点放在残疾大学生行为缺陷的补救上,通过课程实施克服、弥补残疾大学生现有行为缺陷或不足,为适应环境打下基础②。特殊高等职业教育院校人才培养课程体系应重点关注残疾大学生岗位适应能力,立足公共基础课程、专业核心课程、专业拓展课程,打造具有特殊职业教育特色的人才培养课程体系。

## (一)特殊高等职业教育公共基础课程

公共基础课程在特殊高等职业教育体系中起基础保障性作用,其对残疾人学习文化和职业知识、形成职业道德、提高职业技能具有重要意义。公共基础课程一般根据就业岗位群的思想道德与职业素质要求,包括公共必修课和公共选修课。其中公共必修课在课程内容上与普通高等职业教育院校具有较大程度的相似性,特殊职业教育的职业特色和个性化教育指向不明显,以思想道德修养与法治基础、习近平新时代中国特色社会主义思想概论、毛泽东思想与中国特色社会主义理论体系概论、形势与政策、体育与健康、职业

---

① 徐赛华.浅谈残疾人高等职业教育课程设置的原则和模式[J].现代特殊教育,2004(Z1):54-55.

② 徐赛华.浅谈残疾人高等职业教育课程设置的原则和模式[J].现代特殊教育,2004(Z1):54-55.

生涯规划与就业指导、大学生劳动教育、大学生心理健康教育、信息技术、大学英语、大学语文、沟通与写作等课程为主。公共选修课按学期选修，具有一定的特殊职业教育特色，如"聋人与社会"公共选修课程面向残、健两类学生开展广泛的聋人文化教育，包括与聋人开展礼仪、交际、就业、创业及残疾人相关法律政策等方面知识教育的普及，是一门提高大学生综合素质的公共选修课程；又如"指尖下的秘境——盲文世界探寻"公共选修课程面向残、健两类学生了解盲文的发展史、国家通用盲文改革方案、各学科盲文、各大语种盲文以及相关盲人专用辅具。总体而言，特殊高等职业教育公共基础课程坚持课程设置的基础性，依据残疾大学生以及在校的残健两类学生群体的实际，优化公共基础课程。

### （二）特殊高等职业教育专业核心课程

特殊高等职业教育专业核心课程根据就业工作岗位实施典型工作任务分析，确定典型工作任务和职业能力，根据职业能力的实际需要，设计有针对性的专业核心课程，一般包括专业基础课、专业群通识课。

专业基础课是高职院校的核心课程，主要包括专业理论知识和基本技能的学习。专业群通识课是高职院校"以群建院"模式的体现，由专业到专业群，最大的变化是课程体系的重构。特殊高等职业教育院校的专业群目前集中在面向残疾学生的工艺美术专业群、面向健全学生的特殊教育专业群，以残疾人高技能人才培养和学生的个性化发展为根本出发点，各专业群按照"底层共享、中层分立、高层互选、顶层综合"原则，构建课程体系。从性质上看，通识教育是所有学科一般性知识的教育，是课程中的宽度组成部分，是一种使学生熟悉知识主要领域内的事实与思想的教育类型，是高等职业教育框架下非专业、非职业性的组成部分①。"底层共享"课程群主要设置专业群通用的通识类和基础类课程，以及介绍专业群所服务领域的导论类课程。"中层分立"课程群主要是针对专业领域开设的专精性课程；"高层互选"和"顶层综合"课程群立足于提高人才培养的复合性，前者要求学生选修群内其他专业的模块课程1至2门，后者开发群内跨专业的综合项目课程，学生组成跨专业的小组，在教师指导下，通过自主完成项目，获得综合能力的训练。

---

① 付淑琼.好的通识教育：理论与实践［M］.上海：华东师范大学出版社，2019.

### (三)特殊高等职业教育专业拓展课程

专业拓展课程使学生在原有的专业知识和技能的基础上拓展学习,获得更多的知识和技能以满足自身发展需要,一般以模块形式呈现,如高等职业教育层次的特殊教育(手语翻译)专业(面向健全生招生),其专业拓展课包括传译素质提升模块(舞台翻译、互动传译、多国手语翻译、媒体翻译、远程手语翻译、公共服务翻译等);特殊教育支持模块(聋童教育基础、特殊需要儿童教育康复、聋童心理发展、特教教师技能、手语英语双语绘本阅读、手语推广教学实施与设计);无障碍服务模块(残疾人社会工作、活动项目策划与管理、数智化手语服务、无障碍社会公共服务、残疾人人力资源管理入门、手语文化新媒体推广)。

## 二、基于特殊职业教育教学资源库的课程思政数字平台建设

课程思政是特殊高等职业教育院校落实立德树人的根本举措,是构建高水平人才培养体系和思想工作体系的有效切入,是完善"三全育人"体系的重要抓手。特殊高等职业教育院校把立德树人作为教育的根本任务,立足面向残疾人、残疾人事业的办学理念,以构建全员、全程、全课程育人格局的形式使各类课程与思想政治理论课同向同行,形成协同效应。

以制度建设为基础,配合特殊高等职业教育院校《课程思政工作实施方案(试行)》,出台《"大思政课"建设三年工作方案(2023—2025年)》等相关引领性文件。聚焦立德树人,改革主渠道教学,善用社会大课堂、搭建大资源平台、构建大师资体系、强化实践育人,有计划、有重点、分批次推进"大思政课"建设。

以"特殊高等职业教育"为特色,建设基于特殊职业教育课程思政教学资源库的课程思政数字平台。根据残疾学生学情(身心发展特色、需求),建设基于课程云的特殊职业教育课程思政教学资源库,包括课程思政云、在线学习库,在库中发布课程思政典型微课、典型案例,如浙江特殊教育职业学院面向听障学生开设的"陶艺制作""设计色彩"课程,面向视障学生开设的"作业治疗学""实用中医养生"课程,推动课程思政资源的开发与创新利用,使之成为激励残疾学生专业学习的"思想库""加油站",成为省域乃至国家的特殊职业教育课程思政教学资源库可推广、可借鉴的模式。以同时面向残疾学生、健全学生开设的"语文素养""体育与健康""沟通与写作"等公共基础课程为重点,建设满足不同专业、不同年级学生的学习需求,让残疾学生、健全学生实现

对各类优质资源的协同共享。充分利用教育信息技术,加强网络教育资源建设,开发一批具有"融合"特色的课程思政在线开放课程,补充完善现有在线开放课程的思政元素。

以平台建设为引领,形成一批具有特殊职业教育鲜明特色的课程思政成果。依托课程思政数字平台,规划课程思政教学改革研究项目、课程思政教学团队、课程思政基层教学组织、思政微课、思政精品项目;建设思政名师工作室、思政课教师研修基地、"大思政课"特色实践教学基地、"劳模进校园"系列宣讲活动等。

以名师为典范,建成"思政名师工作室",拓展课程思政数字平台外延的师资、专业、科研建设。以获评国家级、省级"我最喜爱的思政老师"为名师典范,在特殊职业教育教学资源库的课程思政数字平台同步上线思政名师工作室"空中课堂"。同时以资源和工具支撑相应的教学过程,扩大与国家智库、中央媒体、权威出版机构的合作,充分发挥专家智库作用和媒体传播优势,支持建设运营、成果沉淀等工作。坚持需求、应用导向,将数字化转型与教学科研实践相结合,整合线上线下资源,赋能平台建设、运营和服务。

### 三、山东特殊教育职业学院构建听障学生课程体系:视觉感受 5E 教学法实践

山东特殊教育职业学院在听障学生的人才培养过程中发现:听障学生受听力障碍影响,在学习中对知识的理解力、感受力、探索性等方面均弱于健听学生,尤其是在服装设计与工艺领域具有较强技能性的专业学习中,存在若干问题。为此,学院从 2012 年开始,开展了针对听障学生的学习模式理论研究与探索,创建适应听障学生的项目感受式课程体系,提出了针对听障学生特点的"视觉感受 5E 教学法"[①],形成了听障学生服装设计与工艺专业人才培养模式初步方案,取得了良好的教育教学效果。

实施视觉感受 5E 教学法听障学生服装专业教学模式。在服装专业课程教学中,针对听障学生视觉发达特点,通过感受—启发—体验—评价—拓展 5 个环节,让听障学生训练眼睛来观察感受,融入启发总结式、比较式学

---

① 陈桂林,宋洋涛.山东特教职业学院"视觉感受 5E 教学法"惠及听障人群[N].中国商报,2022-08-30(8).

习,强化动手技能实操训练,开展学习质量多维度评价,鼓励探索式拓展知识学习。

打造研究、适应听障学生学习特点的特教师资队伍。针对听障学生的学习特点,多年来专业教师会同基础课程师资,一起研课磨课,深入挖掘适合听障学生特点的教学方法。针对听障学生,开展从立德树人、课程思政、人文培养、社会融合到专业技术技能的系列研究。2018—2022 年先后出版专著 5 部、新形态教材 3 部、普通教材 33 部。开发出适应听障学生学习习惯的软件 13 项、实用新型专利 27 项,并针对"听障学生教学方法"申请受理发明专利 3 项。

开发适合听障学生的"补偿性潜能开发"教学资源平台。通过项目化分组教学,将实操性课程和理论性课程进行项目组合,重构课程体系,建立立体式知识构架,解决听障学生学习方法的单一性问题。同时,立足听障学生听力、语言有缺陷但动手能力强、模仿能力强、观察能力强这一特点,在教学中不断探索实施视觉感受 5E 教学法,开发出适合听障学生的任务驱动项目式、可视化、新形态教材,使听障学生不仅"爱学",还更"乐学"。

创新开展"四元三维一核心"评价考核体系。通过教师、生生、企业、社会四元评价,围绕学生的理论理解力、实操熟练度、创新拓展性三个维度,以激发听障学生潜能为核心建立评价考核体系,助推学生技能成长。该体系密切关注每位学生取得的进步,注重和鼓励学生通过作品收获幸福感与创新理念,帮助学生在自信中提升技能水平。同时,鼓励听障学生参与社会竞争,同健听人开展同台竞赛,引导社会评价,激发自身激情,提升听障学生自信心和能力。

基于视觉感受 5E 教学法,立足让听障学生感受真实的工作任务流程,建立了基于岗位群需求的项目课程体系、基于"沉浸式岗位实景教学"的课程架构。强化厚植自信、精进技能、勇于拓展,融入"主课堂+拓展课堂"的专业思政育人理念,依托实践教学工作室,形成了课程环境实景化、课程手段可视化、课程教学信息化、课程实施项目化的"四化"情景式课程体系。经过多年的发展,学院残疾人服装职业教育成绩斐然。在残疾人职业技能大赛以及同健听学生的各类比赛中,听障学生同普通学生一样通过勤奋学习取得优秀的成绩;2018—2022 年间,毕业生对口就业率在 95% 以上。服装专业团队完成科研项目合作 15 项,校企合作开发服装产品 50 余品类,申请专利软著 60 余项,为各类残疾人提供技术、师资培训 500 余人次,开展职业技能等级评价

1500 余人次。

## 第三节　人才培养实践体系

### 一、市域产教联合体和行业产教融合共同体综述

2022 年 12 月，《中共中央办公厅 国务院办公厅印发〈关于深化现代职业教育体系建设改革的意见〉》强调建设市域产教联合体和行业产教融合共同体的制度设计。这一举措将职业教育与行业进步、产业转型、区域发展相结合，充分发挥各自优势，创新良性互动机制，破解人才培养供给侧与产业需求侧匹配度不高等问题。2023 年全国教育工作会议指出：加快构建融通融合融汇的现代职业教育体系。以深化产教融合为重点、推动职普融通为关键、促进科教融合为新方向，构建"一体两翼"工作格局推动职业教育提质升级，通过服务学生全面发展、服务经济社会发展引领职业教育人才培养，为各类人才搭建发展成长的有效通道。产教融合是特殊高等职业教育院校人才培养模式的重要导向，通过聚合政校企资源，满足残疾大学生多样性学习需求，激发发展潜能、提升参与竞争性就业能力。

产教融合是现代社会分工背景下，物质生产（产业系统）这种人类经济活动和教化育人（教育系统）这种人类社会活动之间互动、交流和合作的状态。特殊高等职业教育产教融合具有自己的特殊性。一方面，其产教融合主要是通过校企合作使特殊学生在真实工作环境中习得就业硬技能，使其在领域内有长时间（职业学校学习—职场实习—职场工作—基于工作的学习）、多场域（职业学校—企业工作场所—社会）的知识积累、社会化浸润和专业实践参与；另一方面，使其参与企业真实工作环境，在实践岗位上巩固技能的同时，还在与实践共同体成员间交互的过程中感受所处情景的融合文化，增强融合文化价值认同。

### 二、特殊高等职业教育产教融合面临的挑战与机遇

目前，特殊高等职业教育产教融合面临着以下挑战与机遇。一方面，政府的全额投资、相对封闭的教学管理以及长期担负福利功能使得特殊高等职业教育院校主动服务社会的意识不强；另一方面，受残疾学生培养难度大、培

养周期长、回报率不高等影响，企业与特殊高等职业教育院校合作意愿偏低。因此，特殊高等职业教育院校要主动转变观念，走合作、开放办学之路，深化校企协同育人机制，努力寻找校企利益结合点，吸引更多的行业、企业专家参与到人才培养方案设计、专业教学标准开发、师资队伍建设以及实训基地建设中。

　　首先，应积极创设条件激励企业履行实施职业教育的义务，鼓励企业利用资本、技术、知识、设施、设备和管理等要素参与校企合作，同时为企业提供所需的课程、场地等资源，为残疾学生专业学习提供基本保障。聘请校外专家来校开展讲学、讲座，安排教师到企业参加社会实践，提高实践技能，做到教学做合一，校企深度合作。2019年，全国特殊教育职业教育集团由襄阳职业技术学院牵头成立[①]；2019年，山东特殊教育职业教育集团由山东特殊教育职业学院牵头成立[②]；2020年，全国非遗职业教育集团成立，山东特殊教育职业学院担任常务副理事长单位[③]；2023年，云南特殊教育产教融合共同体（职教集团）由云南特殊教育职业学院牵头成立[④]；2023年，浙江特殊职业教育集团由浙江特殊教育职业学院牵头成立[⑤]，集团主要任务包括推进特殊职业教育中高本专业衔接，优化特殊职业教育师资建设，规划特殊职业院校实习实训资源，促进特殊学生群体毕业就业，进一步深化特殊职业教育类产教融合机制。以上省域性、全国性特殊教育产教融合平台，按照平等、互利、自愿的原则，联合具有法人独立资格的政府职能部门、有关院校、企业、事业单位、科研机构、社会团体、学术组织组成非营利性产教联合体。

① 全国特教集团在我校成立[EB/OL].（2019-10-29）[2024-2-26]. http://jwc. hbxytc.cn/info/1037/2205.htm.

② 山东特殊教育职业教育集团正式成立[EB/OL].（2019-09-27）[2024-2-26]. https://www.sdse.cn/info/1013/1851.htm.

③ 我院牵头发起的"全国非遗职教集团"成立[EB/OL].（2020-12-17）[2024-2-26]. https://www.sdse.cn/info/1013/1725.htm.

④ 云南特殊教育产教融合共同体（职教集团）成立大会暨第一届云南省特殊教育职业教育发展论坛在昆明召开[EB/OL].（2023-04-30）[2024-2-26]. https://www. yntjzy. cn/main/xyyw/4144.html.

⑤ 第十七届中国残疾人事业发展论坛之残疾人就业与残疾人职业教育高质量发展分论坛在我校成功举办[EB/OL].（2023-10-30）[2024-2-26]. https://www.zcse.edu.cn/info/1057/20099.htm.

其次,针对部分学生残疾程度较重、出行不便,企业的无障碍设施或管理细节上无法匹配残疾学生的实训需求等现实问题,探索特殊高等职业教育院校与企业共建实训基地。通过"校中厂"、引企入校或共建校内实训基地等方式,把企业工作情境通过典型任务或真实项目引入学校,让残疾学生在校内完成实训,实现向"职场人"的过渡。在此基础上,构建长效的校企合作机制,有效解决残疾大学生工学结合、顶岗实习难的问题,实现学校、用人单位、残疾学生之间的"三赢"。

最后,改变现有的教学管理模式,围绕校企"双主体"育人和残疾学生"学徒"双重身份管理进行重点突破,加强实习过程管理。按照合作企业的生产与工作过程灵活确立开课次序,允许不同残疾程度的学生适当拉开实训进度,构建梯度明显、逐层提高的实践教学体系。校企联动是特殊高等职业教育人才培养实践体系的关键。特殊高等职业教育院校应主动适应新产业、新业态的快速发展,基于残疾学生"能力本位"的教育思想,联合新产业、新业态的知名企业,校企联动、产教融合,共建育人平台。充分发挥院校这一育人平台"对接外部企业"和"内部协调管理"的双重作用,推动残疾学生专业人才培养供给侧和企业需求侧的紧密对接,精准对接新产业、新业态岗位的动态发展要求,推进"共同建设、共同育人、共同受益"的产教融合"双元"育人理念,校企双方共同系统设计校内生产性实训、共同开发项目化课程、共同制定学生学业考核标准。构建"教融于产、产服务教、工学互为"的动态互融体系,建立校企共培的动态反馈调整机制。通过"订单班""创业学院"等人才培养模式的改革和创新工作,解决人才培养供给侧与企业需求侧"两张皮"问题,使专业的人才培养深度匹配新媒体行业转型升级的发展需求,形成有效的校企联动的人才培养服务体系。校企深度合作要真正落实产教融合型企业的激励方针,更需从企业端发力。一方面,应当由双方共建差异化的产教融合的长效机制。灵活使用财政、土地、信用、慈善、声誉等激励因素,针对残疾学生的学习现状和未来不同发展阶段,企业要提出不同的激励措施,使产教融合最终对接的每个岗位都能让残疾学生有所获得。另一方面,特殊高等职业教育院校专业群建设也要瞄准产业变革、优化产业升级方向,为企业参与职业教育过程提供有利环境和更大动力。

### 三、浙江特殊教育职业学院"订单班"式就业实践

特殊高等职业教育产教融合从 1.0 版发展而来。2020 年,浙江特殊教育

职业学院中西面点工艺专业与杭州知名西点品牌"莫卡乡村"直属公司杭州嘉启品牌服务有限公司签订校企深度合作协议,通过建成校内全真生产性实训基地、校外创业孵化基地,为听障学生搭建全真就业实训、创业运营实践平台,创新采用基本素养培养、岗位素养培养、岗位能力培养"1+1+1"三段式人才培养模式,最终实现"三模式、五合一"。"三模式"即"全真业务"实践教学模式、"双元主体"实训管理模式、"工学交替"教学运行模式。"五合一"即实训场所与工作场所合一、学生与员工合一、教师与专家合一、教学内容与工作任务合一、作业与"产品"合一,让中西面点工艺专业的听障学生体面就业,快乐从业。

如果说莫卡乡村"校中厂"模式是特殊高等职业教育产教融合的 1.0 版,那么浙江省省级"残疾人之家"内的筑梦烘焙、无声发艺、圆通快递等无声小店就是 2.0 版。几家小店由浙江特殊教育职业学院的在校生、毕业生组成创业团队,通过建立政府主办(运营初期给予租金减免等优惠政策)、企业开办、社会兴办"三驾马车"并驾齐驱的模式与"残疾人之家"的日常运行相结合。

由"和漫巷生产性实训基地+浙江省特殊职业教育研究院+浙江省聋人烘焙产业学院"组成的跨区域产教融合共同体雏形,则是特殊高等职业教育产教融合的 3.0 版。在具有职业教育发展意图的特殊高等教育院校中,如南京特殊教育师范学院在搭建产教融合平台方面做了前期探索。其前身为高等职业教育办学层次的南京特殊教育职业学院,依托省市区三级残联、民政、街道等组织体系,以及各类社会组织和企事业单位,建立"层次衔接紧密、区位布局合理、领域多元覆盖、功能特色鲜明"的实训基地体系。依托全国特殊高等职业教育基地、中国非物质文化遗产传承人研修培训学校等平台,以及各级残联和社会企事业单位,集校内实训、校外实习于一体的融合教育实习实训基地。全面建设面向"视障生+健全生"的二胡、昆曲、南京白局、音乐治疗等实习实训基地;面向"听障生+健全生"的云锦、扎染、服装设计、舞动治疗等实习实训基地;面向"肢残生+健全生"融合的残疾人社会工作实验室、残疾人办公自动化实训室、人力资源管理综合实验室等实习实训基地。从"校中厂"到"残疾人之家"创业门店再到跨区域产教融合共同体"生产性实训基地",从就业到创业,从独立自强到反哺社会、敢于创新、锐意进取的精神风貌,是对特殊教育职业"残健融合、协同共培"育人理念的生动诠释。

截至 2023 年底,浙江特殊教育职业学院与杭州大音希声文化传媒有限公司等 130 家单位签订战略合作协议,其中紧密型合作关系 8 家。2022年,浙江特殊教育职业学院联合"知味观""可莎蜜儿""莫卡乡村"等杭州本土知名的中点、西点企业,设立订单班,并在此基础上成立聋人烘焙产业学院。

杭州玫隆食品有限公司是一家集研发、生产、销售于一体的烘焙企业。公司旗下的"可莎蜜儿"烘焙连锁品牌有一款"微笑蜜儿"蛋糕,深受消费者欢迎。很多人不知道,这款蛋糕上的"笑脸"是"无声车间"的聋人伙伴亲手绘制的,这种"微笑的力量"通过聋人伙伴的手传递给更多的人。从 2009 年起,玫隆食品有限公司共招募了近 300 名聋人伙伴,截至 2023 年底,企业内共有 46位聋人在生产车间、"可莎蜜儿"门店的不同岗位上工作。在企业的发展过程中,聋人伙伴也在岗位中不断锻炼和提升自己。他们在玫隆学习成长,结识了很多新朋友,有的也在这里和爱的人相识、相知,走入婚姻的殿堂,组建了自己的家庭。在玫隆,聋人不是"特殊群体",他们和其他伙伴一样,在企业里努力实现自己的人生价值。

杭州知味观作为国有老字号企业,积极建立促进残疾人按比例就业的工作机制,履行社会责任,体现国企担当。企业摸索技能岗位残疾学生"课、岗、证、赛"一体化工作,安排残疾人就业,不少聋人员工取得中式面点职业资格证书。企业组建了聋人员工参与的技能大师工作室,安排聋人员工外出进行技术交流,参加杭州市党群服务中心技能展示,选送优秀聋人技术骨干参加省市各级技能大赛,取得优异成绩。由知味观等杭州知名本土企业与浙江特殊教育职业学院联合成立的浙江省内首个聋人烘焙产业学院,整合省内特殊教育院校和残疾人用工企业,更好地做好残疾人就业工作,唱响工匠精神时代强音。

### 四、浙江特殊教育职业学院 467 创业学院人才培养实践体系构建

特殊高等职业教育的校企合作人才培养实践体系可以有效促进职前职后的衔接。在入学教育中引入残疾人教育与就业政策,强化专业认同,在专业学习、心理健康、人际交往、社会实践等方面为残疾学生规划学习生活提供咨询,让他们入学之初就进行基于自我和社会认知的职业探索,而不是临毕业时才仓促处于就业安置的状态。在接受特殊高等职业教育期间,开展全方位职后能力的培养,在教学活动与校园文化全过程中构建基于职后发展的生

涯规划教育体系，实施就业技能提升计划，将其就业意愿和符合实际的就业方式有机结合。在残疾学生毕业走向社会后，学校还协调社会资源，加强跟踪支持，为残疾学生实现有质量的人生继续提供有规划、有规律的各类培训活动。职前职后校企合作延伸，能够提升残疾学生在企业工作中的适应性，促进其顺利达成社会融合。

2021年9月，浙江特殊教育职业学院与杭州文新文化创意产业园有限公司（以下简称467创意联盟）共建的467创业学院正式成立。该学院依托康复治疗技术、康复治疗技术（推拿方向）、康复治疗学（与浙江中医药大学联合培养的本科专业）等相关专业，致力于深化产学融合，培养高素质的新时代视障残疾人应用型人才。467创业学院首期2000平方米营业区位于杭州市西溪智慧大厦，首期投资基金500万元。467创意联盟董事长王雪华作为一名成功的残疾人创业者，发挥文创产业园区运营优势，全力支持残疾大学生创业就业。学院康复治疗技术2019级3位视障大学生的"手创中医推拿"创业项目正式运行，全面探索残疾学生创新创业新模式，成为浙江省乃至全国特殊高等职业教育产业学院的品牌样板。

一是双方共建全国首个残疾大学生创业学院。力争5年内达成培养就业创业带头人100名的目标，由467创意联盟免费提供5000平方米场地，用于建设467创业学院（残疾大学生创业园），同时提供创业初期运营等方面的支持。浙江特殊教育职业学院为残疾大学生提供创业教育指导、专业技术支持等，并开展社会宣传。

二是双方合作设立残疾大学生创业投资基金。力争5年内通过"一人一策"精准支持残疾大学生就业创业项目100个。467创意联盟出资2000万元设立残疾大学生创业投资基金。浙江特殊教育职业学院负责对残疾大学生就业创业项目给予跟踪指导，为残疾大学生提供个性化的支持方案，并组织残疾大学生参加就业创业大赛，推广就业创业新模式。

三是双方合作推广残疾人创业新模式。双方共同探索"467创意联盟出资＋视障大学生技术入股"创业模式，5年内帮助500名残疾大学生实现出彩人生。467创意联盟负责以该模式推广"手创中医推拿"门店50家。浙江特殊教育职业学院负责面向视障大学生的推拿创业技能培训，开发视障学生创业技能培训包，在全省范围内推广。

四是双方合作开展志愿助残服务。共同推动"残健融合"志愿服务组织建设,每年通过联合举办志愿助残论坛、公益募捐、助残活动,营造支持残疾大学生就业创业的社会氛围。467 创意联盟为开展志愿助残服务提供志愿者培训以及活动场地、服务项目等支持;浙江特殊教育职业学院负责在省内高校推广大学生"残健融合"志愿服务项目,邀请行业专家、志愿组织等参与志愿助残论坛。

截至 2023 年底,创业学院形成模式,产业链条初具规模。依据"467 创意联盟出资＋视障大学生技术入股"的创业模式,"手创中医推拿"连锁机构已开设多家门店。加盟对象不断扩大,包括且不限于浙江特殊教育职业学院视障在校生、各级盲人扩招班、各级盲人培训班、已毕业就业盲人及省内其他盲人按摩从业者等,467 创意联盟还协同浙江特殊教育职业学院通过企业宣讲及活动推广广泛吸纳推拿技师、盲人按摩店加盟。

## 第四节　人才培养资源体系

### 一、人才培养资源体系综述

习近平总书记指出:"坚持按劳分配原则,完善按要素分配的体制机制,促进收入分配更合理、更有序。"[1]产业经营和就业等劳动增收是促进更多低收入群体进入中等收入行列的主要途径,也是展现残疾人社会价值与融合发展的重要形式。残疾人就业状况的决定性因素在于残疾人自身的岗位适应性和就业竞争力,必须以重要劳动力资源和特殊比较优势的视角及长远发展的眼光重视残疾人劳动技能的培育和提升。充分发挥公共就业服务机构和残疾人就业服务机构的互补作用,加强和改进残疾人就业服务,为残疾人及用人单位提供全链条、专业化、不间断的支持服务。不断强化社会工作在残疾人保障和服务中的作用,依托普通高校和职业院校建立残疾人社会工作领域的服务人才培养体系,提供专业的服务资源,形成专业人才输送与管理制度。依托普通高校和职业院校健全继续教育制度,强化定岗、定向培养,完善线上线下和远程教育培训,不断提高助残专业社工的服务能力和素质,以助

---

① 习近平.习近平谈治国理政第三卷[M].北京:外文出版社,2020:36.

残社会工作的专业化助推残疾人服务业的健康发展。

以上残疾人就业的新探索，为特殊高等职业教育院校的人才培养提出了新要求，要求校企双方依据行动导向的原则，聚焦适合残疾学生的新产业、新业态岗位，以"岗位合理化、专业方向化、能力分层化、发展个性化"四化理念为引领，建立适合残疾学生的合理岗位序列，尊重个性化的发展目标，实施不同岗位能力分层的培养方向，通过因材施教，充分激发学生的学习积极性。同时聚焦目标岗位核心能力的要求，进行学习领域课程的开发，构建"1＋1＋1"课程学习的进阶模式，从第一阶段通识课程的理论学习，第二阶段工学交替的技能训练，到第三阶段的企业顶岗实习就业，建立课程内容的动态更新机制，解决课程学习与岗位能力相互脱节的滞后问题，精准聚焦新产业、新业态岗位的适应能力，提升残疾学生的就业能力。

## 二、大龄心智障碍群体场景式就业的人才培养资源体系构建：融爱星餐饮

融爱星隶属于海亮教育管理集团，是一家综合性、创新型、多元化的研究机构，旨在为以孤独症为主的心智障碍群体提供全生命周期、全方位精准服务[①]。融爱星拥有4家康复中心、10所融合学校、1个阳光少年展能中心、1个就业服务中心、17家面馆、1个"残疾人之家"的心智障碍人士关爱和支持平台，线上线下年服务能力达到2000余人。融爱星餐饮开设四类课程，专注于心智障碍青年的职业培训和就业支持，通过打造成熟的商业模式，搭建心智障碍青年就业平台。通过专业的职业训练和定期的干预训练，帮助他们掌握基本的就业技能，并通过营造心情墙等文化空间，让心智障碍青年与顾客发生互动，帮助心智障碍青年真正融入社会。其中的就业理论课，结合生活场景讲解金钱、工作等概念，引导学生掌握职业教育基础认知及工作所需常识，激发学生的就业动力，包括情绪管理、工作认知、守时训练、灵活思考、工作态度、对话技巧。门市服务课，介绍门市服务的具体内容和具体要求，学习门市服务中涉及的实际操作和流程，包括如何接待、送餐、谢客等。将繁杂的运营工作步骤化、程序化，制定出一套能自我监控及实现的工作标准，训练学生掌

---

① 中国残疾人就业创业网络服务平台［EB/OL］．［2024-02-26］．https://www.cdpee.org.cn/．

握门市服务技能。体能训练课，对学生进行耐力、灵活度等方面的专业体能训练，帮助学生拥有门市服务所需的身体素质，包括课前暖身准备活动、环场有氧运动、肢体稳定和核心肌群训练、室内软垫有氧韵律课程。就业实操课，以结构化视觉提示为主轴，进行一系列工作日常的实操训练，包括门市服务、餐具清洗、地面清洁、酱料填充、餐位清洁等。培训过程中，同步开展校外实践见习课程，帮助学生熟悉如何搭乘公交、参加其他工作，提升学生生活自理能力。

用商业模式做公益事业，为心智障碍人群创造就业机会。2020 年 12 月，在浙江省残联的大力支持下，以"海亮融爱"为品牌的心智障碍人群就业服务中心成立。而"融爱星面馆"就是其中的一个对外展示的平台，其目前的运营模式是，面馆所有的收益一部分用于扩大再生产，不断开设新的面馆，吸纳心智障碍人群就业；一部分用于为在店工作的心智障碍者购买补充养老保险或建立康养救助基金，而且每家面馆必须安排 2 名以上心智障碍者就业，服务主管承担就业助理或者就业辅导员的职责，安排继续康复和教育的内容，让残疾人在工作中继续接受康复训练。从面馆到服务中心，从一个概念到具体运作，是一个非常复杂的过程。从前期工程建设到品牌系统搭建再到场地选择，残联都给予了指导和支持，在品牌效应达到一定水平之后，一个规模化和可持续的促进心智障碍者的就业机构开始运作。规模化发展可以吸纳更多的就业人员，易于复制和连锁经营。点多面广的布局适合残疾人就近工作，适合带着孩子的家长就业。2023 年 3 月，"融爱星面馆"入选国家发展改革委浙江高质量发展建设共同富裕示范区第一批典型经验，截至 2023 年底，浙江省已经有 17 家"融爱星面馆"，为百名心智障碍者提供就业岗位，成为特殊职业教育人才培养资源体系的典型样本。

## 第五节　人才培养评价体系

教育评价是教育改革和发展的指挥棒。2022 年 11 月，教育部印发《特殊教育办学质量评价指南》（教基〔2022〕4 号），包括政府履行职责、课程教学实施、教师队伍建设、学校组织管理、学生适宜发展等 5 个方面，共 18 项关键指标和 49 个考查要点，要求对县（市、区）、特殊教育学校、随班就读普通学校的特殊教育办学质量评价坚持结果评价与增值评价、综合评价与特色评价、自我评价与外部评价、线上评价与线下评价相结合,实行县(市、区)和学校自评、市级审核、省级全面评价和国家抽查监测。立足特殊高等职业教育的跨界属性,树立"残健融合 协同共培"的育人理念是特殊高等职业教育学生评价改革的主攻方向。长期以来,特殊高等职业教育的学生评价存在诸多亟待改革的方面,表现为:评价主体较为单一,以学校评价为主体;评价机制不够全面,与职业生涯发展尚未完全衔接;评价标准不够精准,与健全学生"一把尺子";评价效能不够多元,结果导向相对模糊。本节以特殊高等职业教育中的残疾学生为对象,从评价主体(谁来评)、评价内容(评什么)、评价标准(怎么评)、评价效能(怎么用)四个方面出发,构建特殊高等职业教育院校学生评价体系(见图3-4)。

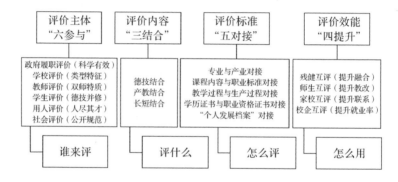

图 3-4　特殊高等职业教育残疾学生评价模式逻辑内涵

**一、评价主体:多元主体参与**

党的二十大报告指出:"完善学校管理和教育评价体系"[①]。《"十四五"特殊教育发展提升计划》提出,完善特殊教育办学质量评价指标体系,到2025年,特殊教育质量评价制度基本建立。针对特殊高等职业教育学生学习与就业的特殊性,在人才培养过程中不断推进校企合作、产学结合,实现评价主体多元参与。一是政府履职评价,特殊高等职业教育院校积极对接国家和省域层面残联系统、教育系统的特殊教育教学指导中心、特殊教育专家委

---

① 习近平.高举中国特色社会主义伟大旗帜 为全面建设社会主义现代化国家而团结奋斗——在中国共产党第二十次全国代表大会上的报告(2022年10月16日)[M].北京:人民出版社,2022:34.

员会、特殊教育资源中心、特殊儿童诊断与评估中心等专业性团队、组织与机构，建立特殊高等职业教育质量评价体系。细分不同类别残疾人需求，运用信息化、大数据等手段，促进特殊高等职业教育残疾学生的个性需求与有效供给对接，推动实现精准化、精细化评价；二是学校评价，彰显类型特征，健全学校内部教学质量保证制度；三是教师评价，形成专业课教师、公共基础课教师、辅导员、班主任、实习实训教师参与的教学主体评价；四是学生评价，通过自我评价、班级评价、残健学生互评，突出德技并修；五是用人评价，以浙江特殊教育职业学院为例，面向残疾学生开设 7 个专业，涉及校企合作单位 75 家，2019—2023 年，企业承担残疾学生技能类课程或实践类课程教学累计门数达 154 门，以校企紧密合作型用人企业、残疾人集中就业企业为评价主体，坚持人尽其才；六是社会评价，健全国家、省、校三级职业教育质量年报制度，通过"残疾人之家"、协会等专业机构和社会组织规范开展特殊高等职业教育评价。

**二、评价内容：分层分类结合**

一是德技结合，在教学过程中运用课程思政赋能残疾学生"残健融合"价值观的建立，针对不同学生类别开展德育评价、智育评价、体育评价、美育评价、劳动评价，实现评价内容从唯"智"到"德技兼备"转变①。以浙江特殊教育职业学院体育评价为例（见表 3-1），制定学院《残疾大学生体质健康评估标准》，根据不同类别学生制定不同的课程模式、开课学期、选修门类、评价标准；二是产教结合，依托校园电商网红赛、数媒设计云平台、工美创意加油站、推拿技能体验室、面点商铺工作站等多个覆盖全院残疾学生的校园职业竞技场，将职业劳动融入学生"职场"发展之中，定期评选残疾学生"职场劳模"，扭转残疾学生"唯分数"论的自我评价指标；三是长短结合，制定个体长期职业生涯规划、近期发展目标测评。

---

① 黄宏伟，姚晓霞.浙江特殊教育职院构建"三融合 三阶梯"残障高职生评价新体系实现技能增值与自我价值提升[N].中国教育报，2021-07-06(6).

表 3-1  浙江特殊教育职业学院学生体育评价体系

| 学生类别 | | 课程模式 | 开课学期 | 选修门类 | 评价标准 |
|---|---|---|---|---|---|
| 健全生 | | 必学＋自选 | 必选 1 学期;自选 3 学期 | 必学:田径;<br>自选:篮球、排球、网球、足球、羽毛球、乒乓球、体育舞蹈 | 国家学生体质健康标准 |
| 听障生 | | 必学＋自选 | 必选 1 学期;自选 3 学期 | 必学:田径;<br>自选:聋人篮球、聋人排球、聋人足球、聋人网球、聋人乒乓球、聋人羽毛球、体育舞蹈 | 残疾大学生体质健康评估标准 |
| 视障生 | | 必学＋限学 | 必选 1 学期;限选 3 学期 | 必学:田径;<br>限学:盲人足球、盲人门球、武术、瑜伽 | 残疾大学生体质健康评估标准 |
| 肢残生 | 轻度 | 必学＋限学 | 必选 1 学期;限选 3 学期 | 必学:垫上运动;<br>限学:篮球、坐式排球、羽毛球 | 残疾大学生体质健康评估标准 |
| | 重度 | | | 必学:康复功能训练<br>限学:轮椅篮球、坐式排球、轮椅太极拳 | 残疾大学生体质健康评估标准 |

### 三、评价标准:职业与自我生产对接

建立五个一级指标、N 个二级观测点,构建特殊高等职业教育残疾学生评价标准(见图 3-5)。一是专业与产业对接,与对口企业签订长期战略合作协议,以产业调整,动态调整专业设置;二是课程内容与职业标准对接,学院从人才培养方案入手,增加残疾学生见习、实习学时,最大限度推动残疾学生与职业标准、技能水平与岗位的匹配度;三是教学过程与生产过程对接,建设残疾学生所属专业的校内大师工作室、设计部、实训基地,实现实训场所与工作场所合一、学生与员工合一、教师与专家合一、教学内容与工作任务合一、作业与产品合一;四是学历证书与职业资格证书对接,以康复治疗技术(推拿方向)专业为例,通过对接盲医证、盲人保健按摩师等职业资格证书,提升学生职业准入水平;五是"个人发展档案"对接,分列个体长处清单与短板清单,在统筹普适性评价之外,增设分层、分类、分阶段的个性化评测及指导,以"有温度 有高度 有力度"的评价面貌,鼓励残疾学生个体发展。

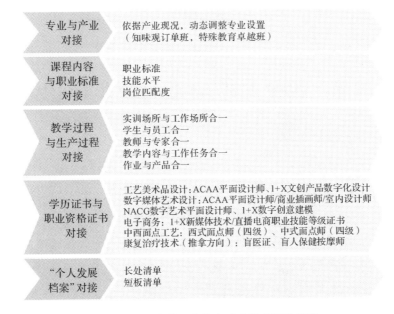

图 3-5　特殊高等职业教育残疾学生评价标准

## 四、评价效能:多功能导向提升

充分发挥学生评价的结果功能,从单一的鉴定结果向融合、调控、联系、导向多功能提升。一是残健互评,提升融合教育程度,学院成为中国残联人才培养改革试点单位;二是师生互评,以"教评学""学评教"为调控,提升教学改革实效,学院成功入选教育部职成司"提质培优、增值赋能典型案例";三是家校互评,提升家校联系紧密程度;四是校企互评,促进校企合作。

# 第四章　就业支持:自我与职业双重发展

就业是实现个体社会价值的过程,对于残疾人而言同样如此。与健全人完善的劳动力市场相比,残疾人就业体系是在残疾人个体意愿、政府扶持、市场因素三方共同作用下形成的。本章从残疾人就业支持体系建构的研究综述入手,以特殊高等职业教育院校"残""健"两类学生的就业现状、困境、心理特征为研究场域,结合不同类型"残""健"学生就业创业的微观行为样本,提出对就业支持体系保障政策目标的反思,以拓宽残健融合型职业教育机会的"可达性"提升残疾人就业质量、以"无障碍"的工作场所和信息条件满足残疾人竞争性就业需要等体系构建,从而实现"残""健"学生自我与职业的双重发展。

## 第一节 国内外残疾人就业支持体系研究综述

新经济发展与互联网媒介的迭代,在创造全新职业的同时也深刻改变了残疾人的就业方式。纵观国内外学术界对残疾人就业支持体系的研究,已有文献可以归纳为以下两条研究主线。研究主线之一从社会学角度出发,聚焦残疾人就业的影响因素,以影响因素"倒逼"支持体系。个体特征因素方面,王豪等运用领悟社会支持量表与就业压力量表建模分析认为,自尊对残疾人就业压力具有反向作用,而领悟社会支持下的社交行为对自尊具有促进作用[1];教育培训因素方面,白先春等认为残疾程度、教育程度、就业扶贫对残疾

---

① 王豪,刘冯铂.残疾人就业压力的影响因素及其作用机制:自尊和社交行为的多重中介效应[J].残疾人研究,2017(1):81-86.

人就业的影响较大[①];社会环境因素方面,白琳基于社会排斥视角认为社会环境中的"观念排斥"对残疾人与社会大众的意识与行动具有引导作用,导致残健隔离[②]。残疾人就业模式"弹性指数"(flexicurity index)方面,尤其是灵活就业、弹性就业模式的研究众多。研究主题包括:残疾人贫困与灵活就业、国家福利政策与残疾人就业模式的关系、包容性福利政策与包容性就业、残疾人灵活就业对宏观经济和劳动力市场的影响、个人干预、社会干预与支持性的残疾人就业计划等。研究主线之二从政策实施与评估的角度出发,聚焦就业支持政策与评估。就业政策方面,郭俊华等通过间断-均衡理论,梳理我国残疾人集中就业政策的变迁历程、逻辑,提出政治经济体制改革、中央和地方政府创新、政策性问题生成是推动残疾人就业政策变迁的驱动因素[③];就业方式方面,何燕等认为庇护性就业是一种过渡性就业,未能发挥出社会和残疾人参与的主动性,其最终目的是促进残疾人融入竞争性就业的环境中[④]。总体而言,残疾人就业支持体系作为我国积极劳动力市场政策的组成部分,自20世纪50年代以来经历了保护扶持、放开搞活、放管结合、统筹完善四个阶段。但在政策演进过程中,一系列问题接踵而至,如教育机会尤其是职业教育机会的供给比例在不同残疾类别人群中不均等、就业主体模糊、集中就业模式下残疾人社会融入程度不高等。

**一、研究热点**

相关专家学者就残疾人就业研究的热点、前沿与展望进行了梳理,根据残疾人就业流量趋势图并结合我国残疾人就业政策,将2010年以来的残疾人就业研究划分为具有"金字塔"特征的三个阶段[⑤]。第一个阶段(2010—2011年)主要讨论残疾人就业模式、就业障碍、包容性就业。2008年,中共中央、国

---

① 白先春,邓晓艳,宦颖洁.我国残疾人就业影响因素的实证研究[J].残疾人研究,2018(2):92-96.

② 白琳.社会排斥理论视角下的中国残疾人就业问题[J].人口与经济,2008(S1):22-23.

③ 郭俊华,刘琼,丁侬霞.我国残疾人集中就业政策变迁历程、逻辑与展望[J].中国行政管理,2022(1):80-87.

④ 何燕,江琴娣.庇护式工场:残疾人福音[J].社会福利,2010(8):34-35.

⑤ 焦若水,李国权.近十年来残疾人就业研究的热点、前沿与展望[J].江汉学术,2021(5):93-102.

务院颁布《关于促进残疾人事业发展的意见》指出，要依法推进按比例的残疾人就业模式，集中就业模式开始落后于按比例的残疾人就业模式。2011年，世界卫生组织和世界银行发布了《世界残疾报告》，包容性概念在残疾人教育、残疾人就业政策、残疾人就业服务体系建设等方面得到学界关注，两者很大程度上促进了残疾人就业研究的第一个流量高峰出现。第二个阶段（2012—2016年）主要讨论残疾人就业政策、特殊职业教育。2012年，党的十八大提出要健全残疾人社会保障体系和服务体系，切实保障残疾人权利，一些学者开始从理论和经验层面探讨"积极福利""优势视角"下的残疾人就业实践。这一时期对特殊职业教育的讨论则和期刊特性有很大关系，《中国特殊教育》《成人教育》《职业技术教育》等期刊是残疾人就业核心文献流量出现波动的主要原因。在这两个因素的共同作用下，残疾人就业核心文献流量于2014年迎来了第二个高峰。第三个阶段（2017年起至今）主要讨论残疾人精准扶贫、就业无障碍环境建设。2017年中国残联等联合印发《贫困残疾人脱贫攻坚行动计划（2016—2020年）》《"十三五"推进基本公共服务均等化规划》等文件后，互联网与残疾人就业、残疾人精准扶贫、残疾人服务均等化等议题被广泛讨论。2023年仅《残疾人研究》（主办单位：残疾人事业发展研究会，2023年版CSSCI来源期刊，季刊）针对残疾人就业议题刊载的文章就达到了7篇。可见，政策和期刊的双重效应促使残疾人就业核心文献流量迎来第三个高峰。

在研究内容上，聚焦国内残疾人就业的研究热点包括：一是残疾人康复服务、就业方式研究。习近平总书记指出："发展残疾人事业，加强残疾康复服务。"①此研究热点聚焦残疾人康复研究，残疾人的康复效果影响到后期就业水平；关注残疾人就业方式，提倡自主就业、灵活就业、按比例就业、支持性就业等。二是福利体系与残疾人就业关系研究。聚焦吸收、借鉴国际经验，主张把残疾人就业作为社会保障的重要内容；主张优化社会救助、特殊教育、职业教育体系，实现以就业为导向的制度重构。三是残疾人就业阻碍因素研究。残疾不仅仅是一种生理现象，也是一种社会属性。诸如残疾类型、残疾等级、性别、户籍性质、民族、家庭状况等生理和社会因素都会影响残疾人的

---

① 习近平.习近平谈治国理政第三卷[M].北京：外文出版社，2020：37.

就业机会。如特殊教育与残疾人就业关系研究，主张通过特殊职业教育提升就业技能；学习国际残疾人就业"转衔"经验，发展融合教育、个别化教育，实现支持性就业；构建以"需要为本"的支持环境，创新教育机制，疏通残疾人就业路径。四是残疾人社会支持体系构建的研究。研究内容主要包括无障碍康复服务机制的构建；残疾人基层组织的构建；残疾人精准扶贫机制的构建。五是福利企业与残疾人就业关系的研究。这一类研究关注福利企业存在的问题，如福利市场化、福利企业萎缩、政府责任缺失等；关注福利企业未来的发展方向，主张通过市场机制提高企业运行效率和盈利水平，改善残疾职工的根本利益。六是残疾人就业意愿研究。影响残疾人就业意愿的因素是多方面的，包括性别、年龄、教育程度、残疾程度、家庭经济状况、城乡差异等。

国外残疾人就业研究热点包括：一是残疾人就业阻碍因素研究。研究主题包括残疾类型（如精神、肢体残疾）、残疾人保健观念、护理水平、后期康复水平、情绪（如抑郁、焦虑）、性别、社会经济地位、身份歧视、污名化、雇主态度、企业文化、技能差异、工作场所障碍等因素对残疾人就业的影响。二是高致残疾病患者的就业水平研究。研究聚焦各种疾病类型，重点阐述疾病在临床阶段的发展过程以及对患者失业时间进行测序。研究的主题包括：多发性硬化症、慢性疾病、肌关节疼痛、风湿性关节炎（致残）与残疾人就业；脊髓损伤（SCI）、血清阴性脊椎关节病（SPA）患者的工作能力评估等。三是残疾人就业模式的"弹性指数"，尤其是灵活就业、弹性就业模式研究。研究主题包括：残疾人贫困与灵活就业、国家福利政策与残疾人就业模式的关系、包容性福利政策与包容性就业、残疾人灵活就业对宏观经济和劳动力市场的影响、个人干预、社会干预与支持性的残疾人就业计划等。四是残疾人福利服务研究。康复服务是残疾人社会保障的重要内容，涵盖了残疾人医疗保健、福利政策和社会保障等内容。研究主题包括：康复服务的过程干预、效果评估与残疾人就业、康复服务获取机会的群体差异与性别差异、社会福利与残疾人就业的关系、福利制度改革对残疾人就业的影响、社会保险、支持系统建设与残疾人就业等。五是残疾人参与劳动力市场研究。研究主题包括三个方面：残疾人进入劳动市场时受到歧视和不公平对待，如工作时间过长与残疾人过度就业、残疾人就业与劳动力市场的因果关系；残疾的动态发展轨迹与未来工作时长的模型预测、残疾的动态发展与就业概率变化等；就业政策对残疾人工作时长的限制，隐形地造成劳动力市场对残疾人就业的排斥。六是残疾儿童家庭生活及其照顾者就业经历研究。研究主题包括：残疾儿童的家庭生活、残疾儿童与父母就业关系、儿童残疾类型与就业歧视、残疾儿童与家庭护理、家庭照料与父母择业机会差异、家庭护理的性别差异与就业影响、护理人员的就业模式与支持性就业等。从研究内容上来看，残疾人就业的阻碍因素、就业意愿、康复服务、社会福利、社会保障等主题是国内外残疾人就业研究的共同热点。国内学者侧重教育等基本公共服务与就业的关系，国外学者侧重高致残疾病就业预测、残疾儿童生活经历。

政策制定者和实施者一直在努力探索基于社会融合的残疾人就业支持模式，但较多地关注政策的预期结果，较少地质疑政策演进的过程如何塑造结果。特殊高等职业教育院校，具备高等教育性和职业性的双重特点，同时融合残疾学生和健全学生两类群体，对于研究残疾人就业支持体系的教育供给质量、主体能动性的发挥、残健融合等问题具有典型意义。

### 二、残疾人庇护性就业面临的困境：就业替代

#### （一）就业替代对劳动力市场的影响机制

一般均衡理论认为[①]，对商品与服务的需求会带来促进就业的乘数效应，但就业岗位的增加会由于其他就业主体的参与和"就业挤出"遭到抵消。公共部门的直接就业项目之所以会产生严重的就业替代，是因为以短期就业提升为目标的政策逻辑并未考虑项目参与者与正规市场主体发生积极或消极互动的可能性。就业替代指数代表了单个公共部门就业岗位可抵消就业机会的数量，那么正规劳动力市场为何会受到临时性岗位的影响？宏观上讲是由于有限市场容量的存在，即一定时期内市场可容纳的产品以及劳动力数量具有上限。如果政府以直接参与的方式在基础设施建设、社区服务等领域强制投放固定数量的岗位，那么它们势必挤占正规就业者原有的工作机会。一连串的连锁反应在劳资关系方面带来了更为直接的负面影响，最显而易见的是其远远低于理论预期的行业工资。一定意义上，残疾人庇护性就业是一种过渡性就业，未能发挥出社会和残疾人参与的主动性，无法完全响应残疾人尤其是青年残疾人的职业诉求。目前我国残疾人就业政策仍以集中就业为

---

① 昌硕.主体错位、就业替代与疤痕效应：欧洲青年就业激活政策的三重困境[J].中国青年研究，2019(5)：110-118.

主,通过税收优惠、政府采购等激励性政策工具,逐步向"统筹完善"方向发展。

针对青年残疾人的就业不应只着眼于短期就业率,而应侧重于提高岗位质量并保证青年残疾人的职业发展、提供结构化的职业轨迹、了解其就业偏好、获取职业经验,提升就业质量和稳定性,其最终目的是促进残疾人融入竞争性就业的环境中,走向正规就业市场的上升通道。

（二）残疾人职业发展自我控制被解构

剥夺理论认为,就业的价值在于维持个体对自我生活的控制,它具有四个潜在功能:为自身提供清醒的规划;为联系核心家庭之外的社会网络提供可能;提供自我超越的条件;定义个人的社会身份。如果它们得到实现,那么就有助于增强个体的自我效能从而避免经济领域相对剥夺的发生。但集中就业过程中低水平、低收入、暂时性的工作使残疾人极易被资方贴上"低技能""廉价"的标签。就业政策设置导致的岗位低质量带来的外在污名化,解构了残疾人尤其是青年残疾人对职业生涯的控制,使他们参与到暂时性岗位,其风险在于被正规劳动力市场排斥,最终结果是不良经济地位的再生产。未来应致力于提升岗位工资与长期合同签订率、社会保险参保率,以及从经济整合、文化适应、心理认同与社会整合等多角度推动残疾人就业者的社会融入。

# 第二节　特殊高等职业教育院校学生就业支持现状

## 一、残、健毕业生就业率呈现"一头高、一头低"

目前,结合残疾人的生理状态,我国制定并实施相关法律法规和措施保障残疾人就业,满足残疾人就业需求。特殊高等职业教育院校有残疾人专业（招生对象为残疾人）和残疾人事业专业（招生对象主要为健全人）,普遍存在残疾学生就业率高于健全学生的现象。以浙江特殊教育职业学院为例,为贯彻落实国务院关于《促进残疾人就业三年行动方案（2022—2024年）》的要求,学校按照残健学生类别,建立"一人一策"就业服务台账,开展"一对一"精准服务。根据公开发布的《浙江特殊教育职业学院年度质量报告》《浙江特殊教育职业学院年度就业质量报告》,2018—2022 年,毕业生毕业一年后就业率基本保持稳定,但残疾学生的就业率相较健全学生而言整体高 1—3 个百分点(见表 4-1)。

表 4-1　2018—2022 年浙江特殊教育职业学院学生就业相关数据一览

| 序号 | 数据内容 | | 2018 年 | 2019 年 | 2020 年 | 2021 年 | 2022 年 |
|---|---|---|---|---|---|---|---|
| 1 | 整体就业率/% | | 95.94 | 96.09 | 99.12 | 99.46 | 97.61 |
| | 其中 | 残疾毕业生/% | 98.30 | 97.90 | 99.67 | 100.00 | 98.16 |
| | | 健全毕业生/% | 93.70 | 95.76 | 98.00 | 98.85 | 96.75 |
| 2 | 毕业生本省就业比例/% | | 95.31 | 89.61 | 84.62 | 89.49 | 97.44 |
| 3 | 月收入/元 | | — | — | 3222.17 | 3273.84 | 4746.00 |
| 4 | 专业对口度/% | | 84.69 | 82.68 | 83.30 | 85.23 | 89.06 |
| 5 | 学生毕业一年后对母校满意度/% | | 84.16 | 84.98 | 82.58 | 85.91 | 92.83 |
| 6 | 自主创业比例/% | | 0.31 | 0 | 0.44 | 0 | 4.35 |
| 7 | 雇主满意度/% | | — | — | 98.84 | 97.07 | 95.60 |

## 二、残疾人就业支持政策目标定位偏差

政策目标的定位偏差从福利治理理念、治理目标、治理关系以及治理过程四个方面探究基层治理场域对残疾人就业政策目标定位的深层次影响。

关系理念影响残疾人就业政策目标定位的公正性。国家以残疾、贫困程度为标尺的公平福利治理理念进入基层场域时,被基层场域中传统的关系理念重塑。以辅助性就业为例,其体现在两方面:一是作为资源的私人关系在辅助性就业机构资质认定中发挥重要作用;二是残疾人就业资格的认定也并非完全按照标准执行,基层场域中关系的亲疏远近成为获得这一资格的重要变量。基层社会构建的人情式福利治理理念影响着辅助性就业政策的公平性,使其在目标定位上产生偏差。

基层的稳定治理目标压制了残疾人就业的支持性目标。维护社会稳定在地方总体性治理目标中是一项硬指标。基层政策执行者在面对治理目标不一致的情况时,最根本的就是服从最重要的治理目标。基层政策执行者会按照自己的权重对治理目标进行排序。当基层秩序性目标与残疾人就业支持性目标不一致时,基层往往把维持稳定的目标摆到最重要的位置,残疾人

就业的支持性目标让位于维持社会稳定的目标。对于残疾人的过激行为，部分基层政府往往觉得麻烦，会通过一些变通手段认定其符合就业资格，"以福利换稳定"。在"息事宁人"的过程中，一些福利资源成为双方的"交换工具"。

单维度的治理关系妨碍了治理主客体间的平等互动。从关系角度看，社会治理更多强调多方参与和协商合作。具体到残疾人就业支持政策，就是在目标定位主体与目标定位对象之间形成平等的关系。在特殊高等职业教育院校中，负责就业指导的辅导员、班主任、系部专业课教师将残疾学生与健全学生看作平等主体，积极给予就业技能培养支持、就业交往能力支持。但在社会交往过程中，部分从事残疾人工作的基层人员并未把残疾人看作平等主体，大部分残疾人仍处于弱势，其诉求很难得到工作人员的及时回应，呈现单维度的治理关系，而治理关系直接影响着就业信息资源获取的渠道和效率。

形式化监督的治理过程导致残疾人就业目标定位不精准。定位过程中，采取何种福利治理机制对目标定位的精准性有重要的影响。调查显示，目标定位程序文本中相对宽松的规定导致实际执行效果不理想。可见，残疾人就业政策考核机制出现表面化、形式化倾向，一些制度在基层福利实践中沦为形式。监督的形式化也使机构有机会利用所谓的专业优势筛选服务对象，把部分真正有就业需要的残疾人排除在政策之外。

### 三、残疾学生就业的政策主体支持质量有待提升

从政府层面看，统筹协调机制有待完善，较难调动社会协同合力。这体现在：其一，顶层设计有待完善，统筹协调机制不够顺畅。特殊职业教育与残疾人就业政策的颁布与落实，牵涉教育、民政等多个部门，部门间关系的协调性有待进一步提升。其二，社会合力不足。长期以来我国特殊职业教育对教学行政主管部门有较强的黏性，公办的特殊高等职业教育院校在特殊职业教育服务供给和资源获取上，具有绝对的垄断地位，导致社会各界对参与支持特殊职业教育欠缺认识与机会，难以形成多元共治局面。`

从社会层面看，社会结构的变化和残疾学生的实际需求之间存在着供需失衡，这主要表现在：其一，不同类型的残疾人口变化与特殊职业教育覆盖面不相匹配。一段时间以来，视力、听力残疾人减少，而中重度智障、孤独症谱系等类型的残疾人明显增加。但在特殊高等职业教育院校的办学面向方面，针对智力残疾学生开展的职业教育、培训还比较少，智力残疾学生接受职业

教育的机会还相对欠缺。其二，特殊教育师资能力与残疾人的全纳需求不相匹配。教师在任职前虽学习过心理学、教育学、特殊教育学等相关理论，但实践方面的学习、培训较少，多数教师对残疾人的认知较为模糊，缺乏对残疾学生身心发展规律的掌握；社区支持层面的社区氛围及辅助技术应用同样也相对薄弱，极少开设关注特殊儿童教育的知识普及与社区培训课程。

从非正式社会支持的层面看，教育参与有待加强，专业化程度相对欠缺。古往今来，家庭在残疾人的社会支持供给中起基本作用，包括经济保障、情感慰藉等。因此，在特殊职业教育非正式的社会支持中，残疾学生家长扮演着主要的角色，其存在的问题具有一定代表性。主要体现在：其一，教育参与缺位。受传统文化的影响，子女的教育任务主要是由学校负责的，大部分家长缺乏参与学校教育的意识，没有认识到自己的权利和义务，遑论残疾学生的其他亲属等在特殊职业教育中的参与范围与程度。其二，家庭对残疾学生接受职业教育所给予的指导科学性不强。由于我国残疾儿童家庭支持服务体系和与之相关的家庭教育研究仍处于起步阶段，《残疾人保障法》等相关法律也尚未明确提出对残疾儿童家长提供家庭教育态度、知识及能力咨询与指导的系统支持。所以从整体上来看，我国现行的残疾学生家庭教育支持的科学性不够。

### 四、残疾学生就业客观方面存在社会"晕轮效应"，主观方面存在强烈的职业危机

"晕轮效应"最早是由美国著名心理学家爱德华·桑戴克于20世纪20年代提出的。他认为，人们对人的认知和判断往往只从局部出发，扩散而得出整体印象，常常以偏概全。一个人如果被标明是好的，他就会被一种积极肯定的光环笼罩，并被赋予各种好的品质；如果一个人被标明是坏的，他就被一种消极否定的光环所笼罩，并被认为具有各种坏品质。这就好像刮风天气前夜月亮周围出现的圆环（月晕），其实，圆环不过是月亮光的扩大化而已。据此，桑戴克为这一心理现象起了一个恰如其分的名称"晕轮效应"，也称作"光环作用"。残疾人作为就业市场中的一个特殊群体，身体局部的组织功能缺失导致他们在就业市场中遭受"晕轮效应"，即使是接受了高等职业教育的青年学生，也不能改变这样的命运。人类个体的相互认知很多时候是由自身的推理产生，虽然健全人及其意识形态是社会主流文化，但是很多健全人的成

长过程和生活经历缺乏对残疾人个体及其生活的理解和认知，导致以健全人为主体的社会主流文化对残疾人的生存能力存在偏见，潜意识中认为残疾人没有足够的能力创造社会价值，无论残疾人的实际能力如何，最终根据残疾现象而对残疾人加以否定。

进入劳动市场时，残疾人易遭遇身体和心理的空间隔离。其中，身体隔离是指为残疾人配置完善的无障碍设施不仅会大大增加企业成本，残疾人工作时身体状况的不确定，也使企业面临责任风险。心理隔离指相比健全员工，残疾员工的心理更敏感脆弱，容易引发一系列问题。录用后能否与其他员工和谐相处，是否会对企业造成不利的社会舆论影响，后续解聘善后事宜是否更加复杂，这些因素使得企业在招聘残疾人时顾虑重重。共同富裕理念强调社会公平正义，残疾人在职场遭遇的身心隔离，很大程度上是因为当下的社会结构是以正常人的行为交流模式为主轴[①]。综合评判当下劳动力市场，残疾人的劳动就业权保障确有长期落后于其他健全劳动者的迹象，而这显然与共同富裕理念相违背。

随着社会的发展，人才竞争越来越激烈，劳动力市场逐渐进入"买方市场"，用人单位在员工招聘及轮换时处于强势地位，而这对残疾人也产生了重要影响。一方面，由于自身缺陷，残疾人在劳动力市场中处于明显的劣势，这导致残疾人具有强烈的职业危机感。虽然部分残疾人通过自己的努力找到属于自己的职位，但是企业人才竞争激烈，学历较低、生理缺陷以及较长的劳动时间，这些因素使他们对所从事的工作并没有安全感，因此，他们往往选择跳槽，从事稳定而有保障的工作。另一方面，由于担心被用人单位淘汰，他们不仅努力工作，而且工作之余采取各种途径接受再教育，提高自身工作能力。以上也是残疾人职业危机感的表现。

### 五、残疾人职业选择带有稳定和空间邻近的特征

严酷的社会竞争环境使残疾人的职业选择带有稳定性和空间邻近的特征，残疾人倾向于优先选择居住地附近，具有稳定收入及社会保障的工作机会。调研过程表明，残疾人由于自身或者家人对未来的考虑，求职时将工作

---

① 陈霖.我国残疾人劳动者实现平等就业的法律困境与优化路径[J].现代经济探讨,2018(7):117.

的稳定性放在首位，要求工作有稳定的收入，适宜的劳动强度和完善的保障待遇等。这种状况一方面是出于家庭对残疾子女未来生活的考虑，其希望子女能有稳定的生活；另一方面是稳定的工作能够降低残疾人自身被社会竞争环境淘汰的风险。空间邻近是其另一个求职特征。《2023年浙江特殊教育职业学院年度就业质量报告》的就业地区分布显示，浙江省内就业人数大于浙江省内生源人数，毕业生主要在浙江省内就业，尤其是在杭州地区，由此可以看出杭州作为省会城市，就业机会更多、就业环境更好，毕业生更倾向于在此工作。同时，残疾人往往希望工作单位靠近居住地，这是由残疾人自身条件和客观环境决定的。残疾人因行动不便，出行时对外界环境存在一定依赖性，单位所在地靠近居住地可以方便残疾人工作，降低风险。

**六、校园信息共享平台建设不完备，导致就业资讯碎片化**

数字经济时代，残疾人招聘信息零散分布在各类线上平台和线下活动中，缺乏整合且真假难辨，信息利用率不容乐观。其中，就业信息的线下渠道包括政府机关部门及残联组织的各类招聘会，线上渠道比较分散，各地官方就业服务平台、招聘APP中残疾人招聘专区、各类就业帮扶平台甚至是社交媒体留言区都不乏企业招聘信息的身影。就业资讯的碎片化不仅让部分残疾人错失了更适合自己的就业机会，也使部分招聘企业未能招聘到面向残疾人的专业岗位人员，给双方带来不便。此外，完善的信息共享机制对残疾人维权也能起到积极作用。残疾人从择业到就业过程中处于弱势地位，其劳动权益极易受到侵害。

# 第三节　特殊高等职业教育院校残疾学生就业心理特征

## 一、工作意愿强烈，渴望实现个人社会价值

美国心理学家马洛斯的需求层次理论认为：人作为一个有机整体，具有多种动机和需要，包括生理需要、安全需要、社交需要、自尊需要和自我实现需要。与健全人一样，残疾人也有同样的社会生产生活需要，尤其是工作的需要。在特殊高等职业教育院校中，职业生涯规划与就业指导课作为学生在

专业课、公共基础课以外的公共必修课之一,其课程目的在于使学生具备主动规划专业成长的意识与能力,并依照专业发展规划实施专业提升计划,将专业学习成果运用于工作,残疾学生、健全学生处于同一个校园、同一个仿真实训场景,基于循证的方法通过职业生涯规划与就业课解决普通教育环境中的融合教育就业实际问题。从课程反馈来看,残疾学生表现出更为强烈的工作愿望,渴望实现个人社会价值。同时,有学者指出:残疾青少年的劳动只有在供需渠道畅通的情况下才能被社会认可,实现其经济价值。这一朴素的道理对自谋职业的残疾青少年尤为重要①。

### 二、制度、组织、圈群依赖心理

国家对于残疾人就业制度的设计及残联组织的功能定位,导致较多的残疾学生及其家庭形成了解决就业问题的依赖心理,残疾青年无论在校期间或在社会生活中,较为依赖制度、组织、圈群。在个体化时代,一方面,青年的自由度和可选择机遇空前增加;另一方面,他们也不得不承受由此所带来的各种生理和心理的挑战,即个体化时代的自我认同危机。在个体化的社会中,公社、单位等共同体逐渐瓦解,原本确定的社会身份日渐模糊,人们不再通过组织或单位来确认自我,回答"我是谁"的问题,而需要主动与外界发生交往才能形成社会关系,寻找个体身份和群体归属。正是这一特点,使得个体化时代的青年人有着更强的社会交往需求,而这一特征在残疾青年中显现得越加明显。原本的地域性、残疾类型、残疾程度使残疾青年群体在入校前已经拥有自身的圈群,在入校后、就业时这些圈群发挥着不可替代的作用。对于追求个性、去组织化以及社会交往泛化的当代青年而言,其建立社会关系的方式与前人已经大为不同,他们也需要新的组织形式来承担个人与社会联结的功能。

圈群,正是在这一背景下产生的。网络圈群是年轻一代的一种生活方式,也承担了个体与社会联结的功能。网络圈群在塑造联结的同时,也在"创造性毁灭"原有的组织形态,是一种去组织化的个体形成的新组织。青年个体在网络圈群中的生活呈现出新的特点。生活在共同体中的个体,既享受到共同体所带来的社会支持,同时也接受着组织的规制。人们参与集体生活,

---

①　杨蓉蓉.残疾青少年劳动就业状况及促进研究[J].中国青年研究,2015(4):13.

也必须遵循集体的秩序,这是集体得以维系的重要原因。但在这样的环境中,人的个性往往会受到集体的种种限制,个体必须通过压抑个性,维护组织的公共性,才能真正融入共同体,实现社会化并获得个人与社会的联结。但这样的状况在个体化时代得以彻底地改变,一方面组织的规制力量在个体化潮流的冲击下正在变得越来越微不足道,基于个体的制度安排正在成为主流。另一方面个体也有更多的平台和渠道去展现自我,发展个性。残疾学生在圈群,尤其是网络圈群中通过自媒体将自己塑造成为"网络红人",甚至可以将"网络红人"发展成为灵活就业的一种有效形式。

### 三、主观方面存在强烈的职业危机,对具体工作的要求多样

近年来,面向残疾人就业的探索层出不穷,电话客服、数据标注员、无障碍出行服务工程师等新职业成为残疾人就业新选择。一是电话客服,即残疾人可借助电脑、耳机、麦克风等设备,以互联网方式接入智能客服平台,在安静的环境下执行平台热点服务任务,实现居家就业。例如,由中国移动、中国肢残人协会、北京新生命养老助残服务中心合作开发的残疾人电话客服岗位,残疾人在培训后通过智能客服平台,向用户提供满意度回访、问卷调查等方面的电话服务。二是数据标注员,即通过聚合拥有丰富时间的残疾人,为企业提供图像、语音、文本、视频的数据标注等服务。目前江苏、陕西等地开展了残疾人数据标注员培训,助力残疾人实现居家就业。三是咖啡冲调师,即听障人士经过专业培训、考核成为咖啡冲调师,并与听障伙伴一起帮助顾客学习日常手语。例如,星巴克西铁营万达店是北京市首家星巴克手语门店,店里16位全职咖啡师中有7位是听力障碍者。四是无障碍出行服务工程师,即互联网打车平台开发的残疾人就业岗位。例如,滴滴出行招聘的负责无障碍出行服务的视障员工王志华,负责与视障用户沟通,收集打车出行中的痛点,把这些痛点转化成产品和服务中的无障碍设计,再与滴滴出行的产品、技术、设计等相关人员沟通,将用户、司机和平台遇到的问题和诉求,都融合在产品运营流程里加以解决,推动相应功能落地。五是无障碍体验员、监督员,即经过无障碍知识培训后,在地铁、商场、医院、酒店、大街小巷体验、监督、检查城市无障碍设施,指出存在的问题,提出合理化建议。

在实际择业过程中,残疾人对于所从事工作的具体要求存在多样性,受

到残疾类别、个人能力、性别、年龄及家庭经济条件等因素的影响,残疾人个体对于工作的认知并不完全相同。有些残疾人心态较好,对生活持乐观态度,有些则对生活的抱怨多于自身的努力,将个人不幸归于命运的不公、身体的残疾等。

第一类是求稳型。这类学生比较在意工作是否稳定,包括稳定的工资收入、保障制度等,他们往往自我认同感较差,自信心不足,社会化程度不高,缺乏挑战客观工作环境的毅力,片面夸大残疾对自身的不利影响。如果残疾人年龄较小,他们的父母往往就不希望残疾子女在经济收入方面减轻家庭负担,只希望子女能有一份有保障的稳定工作。另一种情况是由于事故或工伤造成残疾,但是年龄又偏大,在劳动力市场缺乏竞争力,因此对工作的要求也以稳定为主;此外,女性相对于男性更倾向于从事稳定的工作。

第二类是富于挑战型,这类残疾人自身综合素质较高,接受了完整的基础教育和高等教育,社会化程度较高。他们认为,残疾是不可改变的,社会偏见也只有靠残疾人自身的努力才能扭转,残疾人只有自信、自强、自立才能改变自身的命运。对于工作,这类残疾人希望能够像健全人一样在市场中找到一份自己满意的工作,而不是依靠政策帮助。

## 第四节　残健融合就业微观行为样本[①]

### 一、自主创业行为:陈小杨(肢残生)的外贸公司

陈小杨,肢体残疾,浙江特殊教育职业学院电子商务专业毕业生。他乐观向上,但他并不是被命运青睐的宠儿,他三岁的时候在家门口玩耍,因为意外造成左腿粉碎性骨折,终生无法痊愈。但是伤痕从来没有长在陈小杨的内心,他一直告诉自己:"我和别人一样,只是我要付出更多的努力。"在浙江特殊教育职业学院求学时,陈小杨相继在第四届浙江省"互联网＋"大学生创新创业大赛中荣获银奖,同时还获得 2017 年度共青团浙江省残疾人联合会委员会优秀团员。创业,是陈小杨最爱的话题,他目前已经拥有了相对成熟的商

---

① 　以下半结构访谈内容中的姓名,均为化名。

业模式，有了一个自己代理的品牌，很难想象，这位朴实的小伙子，仅仅依靠电商创业，3年内赚了100多万元，更难想象，他还是一名肢体残疾者。他并不愿多谈及自己的伤残情况，却也不避讳这一点，只是他更愿意展示他积极向上、乐观进取的一面。学校的一间普通教室，就是陈小杨在校期间的工作间。这间闲置的教室里，正面挂着"厚德博爱 勤学自强"的校训，两张桌子、三台电脑，四周的架子上以及地上则堆满了一包又一包的衣服。陈小杨踏踏实实研究市场，之所以选择卖衣服，是因为杭州有着天然优势，自己也有一些经验；之所以选一些国潮类的品牌，一方面因为淘宝本身在推广，另一方面也比较符合时下年轻人的品位。具体运营方法上，店铺忙的时候会叫一些同学和家人帮忙，也会跟老师请教，但大部分的时间需要自己琢磨。通过一点点钻研，陈小杨的店铺慢慢步入正轨，他很感谢专业老师和学校领导给他的创业之路助力，也很感恩自己能在杭州从事淘宝开店工作，在这里，各方面的资源和条件都会好一些。毕业后，陈小杨内心目标越来越清晰，创业才是他选择的路。于是他在寻找货源、积累客源的基础上，不断寻找新的经营模式，将他的聪明才智全部用在互联网创业的思路上。

自主创业在残疾人就业模式中比重不高，并且以小店、个体户为主，法人企业数量并不多。像陈小杨这样自主创业，规模、资金、技术、营销等都是制约企业进一步发展的因素。

**二、政府鼓励性创业行为：无声筑梦团队（听障生）与"残疾人之家"**

无声筑梦团队由浙江特殊教育职业学院中西面点工艺专业毕业生组成。通过浙江省残联和学校的帮助，在位于杭州市马塍路的残疾大学生创业实训和残疾人文创孵化基地（依托省"残疾人之家"）内自主创业，追逐梦想。烘焙店、理发店、按摩店、快递店……一家家店铺不断吸引着社会关注的目光①。

"筑梦烘焙"，是马塍路南端的第一家店。小店的合伙人是四位来自浙江特殊教育职业学院的大学生。玻璃门上贴着一张"简单介绍"：我们店由四个有听力障碍的烘焙师组成。咖啡师荣瑞祥、面包师傅千、甜品师陈露、运营管理周斐尔，四位年轻人是初次创业，但分工明确。除了周斐尔还在读大二，其

---

① 盛锐.从不说欢迎光临却很暖，杭州无声小店的国庆：都很忙，但忙得不太一样……［EB/OL］.（2022-10-05）［2024-02-26］. https：//baijiahao. baidu. com/s？ id ＝ 1745819 608471469569＆wfr＝spider＆for＝pc.

余三位都已经毕业。刚刚走进店里,正在前厅忙碌的荣瑞祥顺手拿出一个手写板。他身后的提示上写着:"交流不便可以使用手写板或打字哦。"在"筑梦烘焙"的隔壁,是一家名叫"无声发艺"的小店。橙色的门头彰显活力,灰色门框、透明玻璃简单干净,门上挂着"营业中"的牌子和理发价格的海报,进门右手边贴着温馨提示,告知顾客本店理发师需要通过手绘板写字或文字翻译软件进行沟通交流。粉色的提示牌除了写明基本情况,还鼓励顾客在理发完毕后给理发师比一个大拇指,倍显温馨。理发师是听障者陈师傅。陈师傅用笔和板与客人交流,双方达成一致就开始利索地工作,手上动作半刻没停,电推、小剪刀、梳子,理发工具在他手中有序地交替。送走客人,陈师傅抖抖理发围布,用刷子将掉在理发椅上的头发扫到地面,再用扫帚将碎发扫起。片刻之后,店里整洁如初。"无声发艺"于2022年6月开业,营业时间从早上八点半持续到晚上九点,提供快剪、洗发、洗剪吹等各种服务,其中快剪仅10元。上午八点半开门后,陈师傅会把店里的毛巾都整理好,晚上下班前洗好毛巾、整理清扫。价格实惠,手艺不错,来光顾"无声发艺"的人不少。老人、小孩、青少年,这里什么年龄段的客人都有。"无声发艺"的主理人沈国权介绍,店里目前只有他和陈师傅两个无声理发师,两人既是同学也是老乡,相互支持着把店开起来。刚开业时,有些新顾客不知道情况,以为这是一家健听人开的理发店,后来才知道是听障者开的理发店,虽然刚开始在沟通上有些不适应,但看到最后的理发成果,这些顾客还会来第二次、第三次,沈国权和老顾客熟悉之后,彼此之间都很信任。

除了烘焙和理发之外,附近还有按摩和快递小店,这些都是毕业于浙江特殊教育职业学院的学生开办的,这一群听障者在这里努力实现自己的梦想。

### 三、就业行为:丁小草(视障生)从本科到高职的求学经历

丁小草,视力障碍,浙江特殊教育职业学院康复治疗技术(推拿)专业大一学生,全盲。从幼儿园至普通高中,丁小草一直就读于盲人学校,并以优异的成绩考取了某应用型本科高校特殊教育学院的钢琴调律专业,四年本科学习后掌握了较好的专业技能。但因生活成本较高、身边无亲人照顾等实际原因,毕业后在北方大城市无法扎根。回到家乡小县城后面临的就业问题是"无业可就",小县城没有钢琴调律的就业需求。曾经想自主创办一家钢琴调律的工作室,但因运营手续、启动资金等实际问题,最终放弃了。在本科毕业

两年后，丁小草最终选择了再次参加残疾人单独招生考试，考取了特殊高等职业教育院校的康复治疗技术（推拿）专业，学习推拿相关技能。

残疾人的就业工种相对较为狭窄，这与传统观念、社会接纳度相关，视障生以推拿工作为主，听障生以电子商务、中西面点工艺工作为主，精神障碍学生以餐饮服务行业为主，在一定程度上制约了特殊高等职业教育院校专业的设置、职业技能的培养宽度。

**四、就业行为：宋小超（健全生）的跳槽**

宋小超，健全生，浙江特殊教育职业学院特殊教育（师范）专业毕业生。大三那年的实习，宋小超选择了学校所在城市的特殊教育康复机构，主要承担孤独症谱系小龄儿童的康复与教育。凭借着扎实的专业技能得到了实习机构的肯定，但与同班同学一样，宋小超心里有一个"考编梦"。作为师范生，他希望自己考入事业编制，能够进入公办的幼儿园、小学等教育单位工作，但又面临着学历等级的门槛。

宋小超的家乡位于山区，相对欠发达，毕业前期，县里的特殊教育学校面向专科学历应届师范生招收一定数量的特殊教育教师，宋小超最终成功被录取，从大城市的教育机构跳槽至山区县的特殊教育学校，获得稳定的事业编制。面向残疾人事业的专业设置较少，培养的高技能人才数量亦相对较少。因此在就业过程中，他们更希望获得相对较为稳定、体面的工作，但这与高等职业教育的专科学历条件产生了一定的矛盾。

# 第五节　就业支持体系的融合特征与发展趋势

特殊高等职业教育院校中，残疾学生、健全学生就业行为发生的过程也是就业支持体系的融合过程，在这个过程中，基于残、健双方的认知及社会适应，其就业行为与社会融合产生相互作用，从而推动就业支持体系的形成。这要求特殊高等职业教育院校准确作出高等职业教育发展的基本判断，明确把握高等职业教育院校是培养高素质人才的基础和摇篮的大方向，把满足社会需求作为学校发展的动力，通过残疾学生、健全学生的就业支持体系构建，提升毕业生就业率和就业质量，助力中国式现代化发展目标。

**一、坚持按劳分配，面向共同富裕，为残疾学生就业提供制度保障**

特殊高等职业教育院校立足面向残疾人、服务残疾人事业的办学定位，其毕业生主要面向实践一线技术技能岗位的高素质技术技能人才，这要求形成有别于普通高校的高职毕业生专项就业政策体系。共同富裕旨在达成一种全民的普遍富裕，这种普遍富裕不是依靠已积累财富平均分配实现的，而是基于社会成员的自身素养以及对社会贡献的大小实现的差别富裕。只有通过差别富裕，才能更好地激发人们追求富裕的欲望，进而推动共同富裕的进程。实现残疾人的共同富裕应当继续坚持按劳分配原则。在社会层面，应鼓励残疾人通过劳动致富，保证已就业残疾人能够获得与自身生产水平相匹配的物质精神财富。此外，加强宏观调控，通过有关政策制度的制定，营造社会公平的就业环境，为残疾人通过就业实现富裕提供制度保障。我国特殊高等职业教育支持体系的供给主体及责任可分为以下几方面。

（一）政府就业支持政策保障反思：为残疾人就业提供制度保障

综合国内外经验，政府在公共治理中扮演的应当是掌舵的角色而不是划桨的角色。因此，政府作为公共服务的提供者与权威分配者应当发挥主导作用，做好顶层设计，为特殊职业教育在法律、政策、制度等方面发挥引领作用，同时调动与协调特殊职业教育社会支持体系中其他支持主体的内生动力。第一，适时制定政策法规。遵循特殊教育与职业教育的一般规律，基于经济社会发展水平，从接受教育、康复训练、社会参与、人文关怀等需求端到财政补贴、学校服务、实习实训等供给端的支持逻辑出发，制定与完善特殊职业教育政策法规，同时地方政府在政策的指导下结合专家决策咨询意见，制定适宜地方实际情况的法规或管理条例加以施行，以保证更多类型，即包含智力障碍、孤独症谱系等在内的适龄残疾学生能够有机会接受高质量的职业教育。

第二，明确主体权责划分。基于现有支持体系中政府内部权责边界模糊的情况，首先应当以制度的形式，从中央政府决策部门开始明确政策执行主体，再在地方政府安排协调各支持主体参与特殊职业教育的工作人员，帮助各单位明确职责所在，并持续做好沟通交流。

第三，建立动力协调机制。一方面，通过特殊的税收优惠和财政补贴等建立特殊职业教育的动力与激励机制，协调企业等各方力量举办或参与职业教育，为残疾学生提供更多的实习实训机会；另一方面，通过开展特殊职业教育论坛、发布特殊职业教育相关选题的重大课题招标、成立由社会力量组成的第三方独立社会中介组织等形式,为特殊职业教育各支持主体之间进行沟通联系提供机会和平台。

第四,提供适当的财政补贴。政府财政能力均等化是实现基本公共服务均等化的核心,因此,政府应适时考虑增加针对有困难的残疾人家庭的福利制度和资金补助的投入,以促进残疾学生的继续教育权和接受职业教育期间的物质保障。同时,准确把握地域特点、残疾群体结构,使财政资金有效地运用在非均衡发展的地方。第五,开展全面摸底调查。政府应对不同地区、不同残疾类型群体的就业、职业院校就读的数量、性别等信息进行科学且全面的普查,并及时向社会公布,以推进与特殊职业教育相关的学术研究、地方政策制定、学校课程安排。

（二）社会组织为主体：积极对接残疾学生需求,建设全纳包容环境

第一,企业方面的支持。企业是残疾学生实习实训与最终就业的主要场所,是提升特殊职业教育市场需求导向的重要主体。企业在特殊职业教育社会支持体系中所供给的内容应当包括：一是在政策的引领指导与补贴下,通过孵化基地、利益融合等多种方式自觉担当校企协作与产教融合的时代重任,并适时考虑建设兼具生产与教学功能、无障碍特征的公共实训基地;二是理顺特殊教育与职业教育的关系,考虑与特殊教育学校、职业院校合作改进与研发适宜残疾学生的专业课程;三是可尝试邀请企业技术人员、高技能人才等到特殊高等职业教育院校担任专兼职教师,同时支持特殊教育学校教师参与企业实践,实现学校与企业之间全方位的融合。

第二,特殊职业教育教学与实习实训的间接供给端。一是残疾人联合会等残疾人组织方面的支持。残疾人联合会是我国残疾人事业发展的中坚组织力量,其在特殊职业教育社会支持体系中发挥着联系政府、社区、康复医疗组织以及残疾人家庭等的衔接作用。因此,组织方面的支持更多的是起到中介枢纽作用,即为各组织之间、各组织与残疾学生及其私人关系网络之间架构起一个"桥梁"。二是各地方残联与残疾人民间组织等应积极配合职业学校的教育教学工作,适时提供与残疾学生行为干预、情绪心理调节等内容相关的专业指导。

第三,高校等科研机构方面的支持。一是应深入研究特殊职业教育的内在规律。为特殊职业教育中存在已久的问题,如智力障碍学生的职业教育课程设计、特殊高等职业教育的"双师型"队伍建设等提供学理层面解决的可能性。同时,加强特殊职业教育法律法规的研究,为政策的制定与完善提供支撑。二是应为残疾学生职业教育质量提升赋能。例如,设计开发评估职业学校办学条件、残疾学生职业教育适应情况、社会支持体系协同情况等的通用量表,做好特殊职业教育的评估工作,着重于特殊职业教育质量的提升;推动加强相关专业建设,为职业学校输送能胜任特殊职业教育的一线教师。

（三）非正式的个人支持为纽带:建立良好互动桥梁,营造积极情感氛围

在支持方式与范畴方面,非正式的个人支持与正式支持主体相比专业性较弱,但对于残疾人来说,非正式支持是其获取情感支持的重要渠道。以家庭成员支持为例,特殊职业教育支持体系中的家庭支持主要包含生活保障范畴的物质支持,营造尊重、信任、鼓励残疾学生为主的家庭氛围的情感支持以及与职业学校沟通协作的信息支持。具体包括以下内容:一是树立对特殊职业教育的积极态度。一方面,残疾学生家长等应当为有入学需求与可能性的子女积极搜寻入学要求、考试安排等信息。另一方面,在子女入学后为其提供持续的物质保障,同时以积极的态度配合、参与职业学校的教学工作与家校合作。二是营造良好支持氛围。一方面,非正式支持主体须以残疾学生在物理与情感上均能够接受的方式与其展开沟通交流,帮助其树立对职业教育的正确认识及良好的人生观、价值观等。另一方面,应当避免将消极情绪传递给残疾学生,在实事求是的前提下予以鼓励与赞扬。三是有意识地丰富相关专业知识。残疾学生的家庭成员等应主动获取家庭教育、特殊教育、职业教育的相关知识,还可以考虑采用先接受培训为残疾子女接受职业教育提供辅导的教育方式等,为残疾学生职业技能习得提供全方位的支持。

**二、加快残疾人就业环境建设,促进残疾人物质精神全面富裕**

共同富裕是人民群众物质生活和精神生活都富裕,要让残疾人通过劳动获得生活所需的必备物质财富,同时在劳动和社会活动中汲取宝贵丰富的精神财富。有关部门应当加强引导,积极组织各类有益社会活动,丰富残疾人精神世界,创造更多物质财富,形成良性循环,加快共同富裕战略步伐。此外,

实现残疾人物质和精神生活的全面富裕，一个平等包容的社会环境是必不可少的。让社会上少一分另眼相看，多一分爱与关怀，鼓励普通学校与特殊教育学校的交流合作。当学生们从小就在心里埋下平等关爱的种子，这些价值观将伴随他们长大，进而有助于解决职场中存在的歧视问题。再者，这份包容还应体现在持续加强无障碍设施的配备上，真正实现残疾人的生活无忧。

### 三、鼓励健全学生群体积极帮扶残疾学生就业，构建融合性质的就业支持体系

实现共同富裕并非一蹴而就，是从部分到整个社会逐步富裕的过程，是由先富带动后富，最终实现社会主义共同富裕的宏伟目标。特殊高等职业教育院校应加强对健全学生的引导，在校期间即开始承担投入残疾人事业的社会责任，主动为实现残疾人共同富裕添砖加瓦。与此同时，积极呼吁"先富"企业为残疾人提供更多工作岗位，落实有关税收等优惠政策，促进企业由被动接收残疾人转变为主动吸纳所需残疾人人才。此外，共同富裕的实现是一个动态的过程，是人们持续创造与探索美好生活的愿景。在实现共同富裕的过程中，积极倡导残疾人在不同就业阶段中探索新生活，体悟新希望，踏实走好共同富裕的每一步。

### 四、充分发挥残疾人就业主体性，鼓励残疾人自主创新创业

特殊高等职业教育力图打破"职业教育即就业教育"的传统观念，由单纯的注重就业转向注重残疾人择业、就业观念、职业生涯规划、职业性向等就业心理方面的教育与培养[①]。鼓励残疾人大胆尝试创新创业，更有利于帮助其适应社会发展，实现自我价值。地方政府要完善残疾人创业补贴制度，联合各金融机构设置残疾人创业贷款，成立残疾人创业专项基金，每年定期拨款给予一定支持，对于进展顺利、经营状况良好的项目要加大补贴力度，适当降低税收和实行行政事业性收费减免优惠。与此同时，也要降低残疾人自主创业门槛，营造宽松自由的创业环境，吸引更多的残疾人参与创业、实现自我独立，为共同富裕夯实物质基础。

---

① 郭文斌，王芬萍，张琨.我国残疾人高等职业教育研究热点与发展趋势[J].海南师范大学学报(社会科学版)，2019(2):116.

**五、从"场所无障碍"到"信息无障碍"，满足残疾人竞争性就业需要**

融合就业意味着政府需要鼓励有劳动能力的残疾人进入公开劳动力市场，采取一系列积极保障与援助的社会政策保障残疾人的工作权利，其中无障碍环境从"硬件"到"制度"再到"社会服务"三个维度的营造与支持是其重要的内容。政府需要通过更精细化的政策设计给予工作场所的残疾人多维且积极的社会支持与保护。在硬件支持方面，从无障碍向"通用"转变。制度层面，对残疾员工实行弹性的工作时间和生产组织制度、推行灵活的薪酬制度（如同时提供计件、计时等不同薪酬制度供自由选择）和其他人力资源制度，政府通过财政支出转移一定程度上补贴就业单位使用残疾人的用工成本。社会服务方面，购买残疾人工作场所支援服务，以满足工作场所残疾人的康复、情绪管理、生活照料、通勤协助等需要。

信息闭塞是阻碍残疾人就业的又一关键因素。建立一个由政府领导、企业配合的综合专业的就业信息平台尤为重要，平台囊括职业介绍、职业评估、职能培训、就业登记、工作帮助、失业指导等多方面信息，从残疾人角度出发，切实解决其就业问题。借助互联网信息技术加大推广力度，发布平台使用信息，让更多的人知道并利用好平台。同时，该平台也提供法律援助、法律帮扶指导，由专职律师回应咨询，解决残疾人在就业过程中遇到的各种劳动仲裁问题。法律方面的支持，有利于其维护自身权益，切实解决自身困难。人社等部门提供激励措施促进校企合作，鼓励企业为残疾人提供实习、见习机会，支持企业及学校内部培养残疾人就业辅导员，利用政府采购机制将残疾人就业辅导员引入支持系统，为残疾毕业生就业转衔提供支持；建立残疾人培训及用工数据库，探索"互联网＋"大背景下现代学徒制的残疾人培训模式；积极动员社会组织开展残疾人就业支持工作。

**六、提升面向孤独症谱系群体的职业教育"可达性"**

我国《残疾人教育条例》第三章第二十七条中指出"残疾人职业教育应当大力发展中等职业教育，加快发展高等职业教育，积极开展以实用技术为主的中期、短期培训，以提高就业能力为主，培养技术技能人才，并加强对残疾学生的就业指导"。目前，全国范围内，有条件的特殊教育学校开设了职业高中部。杭州市杨绫子学校是我国最早建立职业高中部的培智学校，其职业高中部招生对象主要是：年龄在15—18周岁之间的智力障碍、孤独症和脑瘫学生,设置的专业包括西点制作专业,烹饪专业,餐厅服务专业,室内植物养护专业,洗车美容专业,手工皂制作专业,超市服务专业,园林花卉专业,清洁服务专业,客房服务专业,洗衣、T恤打印专业,皮具制作专业,手工艺制作专业,艺术插花专业,居家生活专业。以下从高等职业教育、中短期职业培训两个方面对大龄孤独症者继续教育受限的原因进行探讨。

一是高等职业教育方面,存在入学选拔方式、办学体系建立两大壁垒。入学选拔方式方面,目前高等职业教育招生办法主要是以高考为基础的考试招生和单独考试招生相结合,这两者均要求达到文化考试成绩和技能考试成绩要求,择优录取。尽管《高等教育法》第九条规定"高等学校必须招收符合国家规定的录取标准的残疾学生入学,不得因其残疾拒绝招收"。但30%—50%的孤独症谱系障碍伴随智力落后的学生,文化程度受到极大的限制,通过入学选拔、符合录取标准对于这一群体而言难度较大。办学体系建立方面,由于自身的特点,大龄孤独症者通过国家普通的高等职业教育入学选拔困难,这需要有高等教育资质的特殊教育学校承担起此项继续教育工作。目前我国的特殊高等职业教育院校招生对象主要为听力残疾、言语残疾、肢体残疾的适龄入学人群。为孤独症者开设的高等职业教育项目尚属空白,相关单独考试招生办法、人才培养模式等都需要法律层面、政策层面、社会层面的多方支持及长时间的探索。二是中短期职业培训方面,以就业为导向的中短期职业培训,在培训之前需要针对不同的孤独症者个体进行个性化的职业能力及意愿评估,职业培训组织需要搭建系统的培训体系、提供专业的师资和就业转衔及后续服务。目前政府层面或社会层面都不具备专业培训组织及就业指导专业师资。

职业教育对于孤独症谱系群体习得职业技能、实现就业转衔、高质量参与社会生活具有重要作用。建议探索通过高等职业教育、职业训练基地等模式,培养和发展大龄孤独症者的个人生活自理能力、独立社区生活能力、人际交往能力和社会适应能力,为大龄孤独症者,尤其是为能力好、有特长的大龄孤独症者开设相关专业。首先,面向大龄孤独症者设计入学通道。依据省域职业教育选拔考试、残疾人单考单招以及国内高校面向孤独症者招生等制度体系的内在机理,拟定学术能力、专业能力、社会交往能力、独立生活能力等领域的测评目标及测评方案。其次,面向高中毕业生设计中高职一体化培养通道。结合省域特殊教育学校职业教育专业分布、市场用人需求、与大龄孤独症者特质匹配等情况，设计面向大龄孤独症者的人才培养方案。再次，通过订单班、定期职业培训等形式，实现职业院校与相关企业的校企合作，提供专业、开放、包容的职业康复生态系统环境，提高大龄孤独症者就业的成功率。最后，可依托培智学校与高校、科研院所联合共建专门类实践基地、研究机构，构建完善康复教育、职业培训、就业支持、托养安置等多环节相互衔接的孤独症生命全程支持体系，鼓励相关高校开设孤独症康复教育专业，建立完善孤独症康复教育专业技能人才认证培训体系和师资职称体系。

# 第五章 校园文化:场域与关系生产

校园文化泛指在学校教育基础上产生的文化现象。高校校园文化是指在高校这一特定环境中,全体师生共同创造与拥有的价值观念和文化体系。高校校园文化是直接影响大学生成长的环境因素,是高校教育机制中的一个十分重要的环节。本章以特殊高等职业教育院校文化的场域与关系生产为视角,通过田野调查,挖掘其文化社会学的本质意涵。具有青年特点的特殊高等职业教育院校文化呈现去阶层化特征,突出兴趣、休闲和技能等文化差异。校园作为文化融合的生产场域,不断生产出客观化文化形式,并达成残疾学生、健全学生之间依循权力逻辑的平等互动的关系,同时,融合的校园文化集聚起一个新兴的校园群体,实现群体的归属与认同,达成文化社会学意义上的建构。

## 第一节 重新认识残疾人文化

### 一、残疾人文化的内涵与外延

残疾人文化是社会主义文化的重要组成部分。长久以来,社会学领域对残疾人融入社会的关注通常集中在就业、康复、教育、生活保障、社会福利等宏观议题上。一方面,文化仅作为这些宏观议题的相关部分被提及。文化是残疾人由社会的被救助者向社会财富的创造者、自己命运的主宰者转变的内在因素,它承载了引导广大残疾人提升素质、增强能力的重要使命,是残疾人事业发展不可或缺的一个重要领域。另一方面,社会学领域对残疾人文化参与的研究较多,但对残疾人文化服务支持关注相对较少,缺乏完整的残疾人文化支持体系建设问题的统领视角。

残疾人事业高质量发展是物质文明和精神文明相协调的中国式现代化的一个标志和亮点。要用马克思主义唯物辩证法的观点看待物质文明建设和精神文明建设，物质文明发展的程度决定于生产力发展的水平，是生产力发展的现实表现；精神文明是改造主观世界的精神成果的总和，精神文明决定了人类精神生产的发展水平，是社会进步和开化的精神标志。社会的物质文明和精神文明相互作用：物质文明是精神文明发展的基础，为精神文明提供必要的物质前提；精神文明反过来又成为物质文明得以巩固和发展的必要条件，并且不同程度地规定和影响物质文明建设的方向。精神文明的发展既依赖于物质文明的发展，又有相对的独立性。

残疾人事业从一个群体、一个侧面展现了我国物质文明和精神文明相协调的成就，残疾人事业发展依赖于我国物质文明和精神文明的协调发展，残疾人事业同样为我国物质文明和精神文明相协调作出积极贡献。首先，物质文明发展为残疾人状况改善提供了重要基础。以财政投入为例，2018—2023年，各级财政对残疾人事业专项资金投入达 2195.8 亿元，比上一个五年增长18%[1]，做到了让残疾人共享改革发展成果。其次，社会主义精神文明建设对于促进残疾人事业起到重要推动作用。弘扬人道主义精神、加强扶残助残意识、践行社会主义核心价值观、开展志愿助残服务、文明创建将无障碍环境等指标列入、自强模范和助残先进的选树与宣传等等，都是社会主义精神文明建设的体现。再次，残疾人事业发展有利于我国物质文明进步，比如残疾预防和康复、残疾人教育有助于人口结构优化和人力资本质量提升，残疾人就业有助于经济发展，残疾人社会保障有助于缩小差距、协调发展。最后，我国残疾人事业高质量发展也推动精神文明建设发展，成为精神文明建设和我国人权保障事业的亮点、特色。可以预见，在物质文明和精神文明相协调的中国式现代化进程中，残疾人事业发展仍将成为不可或缺的内容，并且将在物质文明进步、精神文明进步、物质文明和精神文明相协调三个方面发挥助推作用。

---

① 张海迪：五年来各级财政对残疾人事业专项资金投入比上一个五年增长 18%[EB/OL].（2023-09-20）［2024-02-21］. https://news. youth. cn/gn/202309/t20230920_14802726. htm.

奚从清从广义和狭义的角度界定了残疾人文化的概念，广义的残疾人文化是指残疾人在长期的不同质的文化融合过程中所创造的社会物质财富和精神财富的总和，包括物质性文化、制度性文化、观念性文化以及文化工作和文化活动。狭义的残疾人文化是指残疾人在长期的不同质的文化融合过程中所创造的观念性文化以及文化工作和文化活动的总称。奚从清认为残疾人文化的特点包括社会性、历史性、差异性、融合性，残疾人文化的功能包括导向功能、教育功能、社会化功能、整合功能、控制功能，要充分认识残疾人文化的特点和功能，以便更好地保障残疾人的文化权益，营造残健融合的社会文化氛围①。

## 二、残疾人文化的特点

本书认为残疾人文化的特点如下。

一是协作性。残疾人文化的多元主体构成决定了残疾人文化服务供给需要多方协同合作。不同服务主体具有不同角色定位，如政府作为主导者、企业作为生产者、社会组织作为中介者等。不同角色相互补充又相互制约，不同服务主体间的关系如下：残疾人及其家庭与各服务主体是"需求-供应"关系；政府与文化企业是"委托-代理"关系；政府与社会组织是"协作-互补"关系；文化企业与社会组织是"监督-互动"关系，共同构成残疾人文化支持协作体系。

二是共享性。国家保障残疾人享有平等参与文化生活的权利。各级人民政府和有关部门鼓励、帮助残疾人参加各种文化、体育、娱乐活动，积极创造条件，丰富残疾人的精神文化生活。《公共文化服务保障法》指出"各级人民政府应当根据未成年人、老年人、残疾人和流动人口等群体的特点与需求，提供相应的公共文化服务"②。《公共图书馆法》指出"政府设立的公共图书馆应当考虑老年人、残疾人等群体的特点，积极创造条件，提供适合其需要的文献信息、无障碍设施设备和服务等"③。《体育法》指出"国家依法保障公民平

---

① 奚从清. 重新认识残疾人文化[J]. 残疾人研究，2016(1)：45-50.
② 中华人民共和国公共文化服务保障法［EB/OL］.（2016-12-26）［2024-02-19］. https：//www. gov. cn/xinwen/2016—12/26/content_5152772. htm.
③ 中华人民共和国公共文化服务保障法［EB/OL］.（2017-11-05）［2024-01-31］. https：//www. gov. cn/xinwen/2017—11/05/content_5237326. htm.

等参与体育活动的权利,对未成年人、妇女、老年人、残疾人等参加体育活动的权利给予特别的保障……学校应当在体育课教学时,组织特殊体质学生参加适合其特点的体育活动……公共体育场地设施的设计和建设,应当符合国家无障碍环境建设要求,有效满足老年人、残疾人等特定群体的无障碍需求……公共体育场地设施管理单位应当公开向社会开放的办法,并对未成年人、老年人、残疾人等实行优惠"[①]。《残疾人保障法》指出"残疾人文化、体育、娱乐活动应当面向基层,融于社会公共文化生活,适应各类残疾人的不同特点和需要,使残疾人广泛参与"[②]。残疾人文化建设的共享性重点体现在享受文化成果的权利、参与文化活动的权利、开展文化创造的权利、对个人进行文化艺术创造所产生的精神、物质利益享受保护权等方面。

三是保障性。面向残疾人文化的不同服务主体在职责及所提供的内容方面存在一定的重合和交叉,一方面可以促使各主体相互配合、形成合力,另一方面也有可能带来工作的无效重复,或是在处理事务方面相互推诿。因此,实现残疾人文化支持体系多元主体的协同发展,需要辅以绩效评价机制、人才培养和管理机制、财政保障机制、残疾人参与机制等保障。

四是人本性。习近平总书记指出:"残疾人是社会大家庭的平等成员,是人类文明发展的一支重要力量,是坚持和发展中国特色社会主义的一支重要力量。"[③]这充分肯定了残疾人在社会生活中的平等地位、在人类文明发展中的主体价值、在中国特色社会主义发展中的动力作用,是新时代对残疾人的核心价值定位。作为关照人的生存发展的哲学样态,马克思主义人学将劳动和文化视为人之为人的内在根据,人的文化及其建构是人实现价值塑造的精神基础。

### 三、残疾人文化的发展现状

目前,我国面向残疾人的文化形式主要包括以下内容:

一年一度的残疾人文化周活动。以为基层城乡社区残疾人开展各类文

---

① 中华人民共和国体育法[EB/OL].(2022-06-25)[2024-01-31].https://www.gov.cn/xinwen/2022—06/25/content_5697693.htm.

② 中华人民共和国残疾人保障法[EB/OL].(2005-05-25)[2024-01-31].https://www.gov.cn/banshi/2005—05/25/content_951.htm.

③ 习近平会见自强模范暨助残先进集体和个人代表[EB/OL].(2014-05-16)[2024-01-31].https://www.gov.cn/xinwen/2014—05/16/content_2681073.htm.

化体育活动为主要形式，由各级残联与文化部门共同组织，在残疾人相对集中的社区、残疾人服务机构、特教学校、福利企业以及各类公共文化服务场所，因地制宜组织残疾人就近、就便开展各种文化活动。残疾人文化周活动始于 2010 年，至 2023 年 4 月，已连续开展 14 年。2023 年文化周的主题是"奋进新征程，筑梦新时代"，主要开展文艺创作、文艺展示、书画展览等线上线下活动。

文化进家庭"五个一"项目提升重度残疾人幸福感。这是"十三五""十四五"时期确定的残疾人文化重点项目，即帮助贫困和重度残疾人每年读一本书、看一次电影、游一次园、参观一次展览、参加一次文化活动。带领重度残疾人走出家庭，参观、游览、聚会、交流，度过一段充实而有意义的文艺时光。2022 年，残疾人文化进家庭"五个一"项目惠及全国 5 万多名农村、重度残疾人。

全民阅读。《公共图书馆读写障碍人士服务规范》(GB/T39658—2020) 和《公共图书馆听障人士服务规范》(GB/T40952—2021) 两个国家标准的发布，分别明确了公共图书馆提供读写障碍服务和听障服务的服务对象、服务资源、服务形式和服务要求，规范各级公共图书馆开展对读写障碍人士和听障人士的服务工作。北京善缘书舍位于北京东城区银河 SOHO 下沉广场，是全国首家生命主题书店，主推残疾作家的经典之作。深圳悠书房位于深圳龙华区残疾人创业就业基地 IC 空间，专门设置了盲文读物区域。浙江舟山市定海区昌国街道北园社区盲人书屋，配有盲文图书、盲人象棋、听书机、助视器等。

无障碍电影。2022 年，"光明影院"公益点播专区上线全国有线电视，极大地丰富了视障残疾人精神文化生活。第十七届中国长春电影节上"光明影院"公益项目在长影电影院启动，百余名视障观众现场感受由长影集团和中国传媒大学共同创作的电影《青春作伴好还乡》无障碍版本，该片同时获电影节"最佳公益展映影片"荣誉称号。2022 年 12 月，优酷无障碍剧场正式上线，全国视力残疾人登录认证完成后，可以免费欣赏剧场内的无障碍影视作品。

全国残疾人文创就业联盟在济南成立。由中国残联华夏文化集团和山东世博动漫集团等单位发起，联合文化创意产业有关行业协会、社会组织、产业示范企业、优秀残疾文化创意人才等联盟成立。构建起"互联网＋"背景下新型残疾人精准就业服务体系，促进残疾人在文化产业领域实现精准就业创业。

《中国残疾人体育事业发展和权利保障》白皮书发布。2022 年 3 月 3 日，国务院新闻办公室发布《中国残疾人体育事业发展和权利保障》白皮书,全面介绍了中国残疾人体育事业的发展历程和新时代中国残疾人体育事业取得的历史性成就。

全民健身,你我同行。全国围绕残疾人健身周、全国特奥日、冰雪运动等开展系列体育健身活动,残疾人社区文体活动参与率由 2020 年的 17.8％上升至 2022 年的 23.9％。2022 年第 13 届冬残奥会在北京举行、2023 年第 4 届亚残运会在杭州举行①。

# 第二节　特殊高等职业教育院校文化建设

残疾人社会融合研究,大多是从社会排斥理论出发进行分析,如残疾人与健全人之间的排斥、残疾人与社会的排斥、残疾人自身的排斥等。残疾人与健全人共同生活、和谐共处是一个共生系统,尤其是就特殊高等职业教育院校而言,残疾学生、健全学生在校园这一场域中共生。德贝里提出"共生"概念,将其定义为生物密切地共同生活在一起,包括共生单元、共生模式、共生环境三个方面②。根据质参量兼容原理,残疾学生与健全学生可以被看作是两个共生单元,在校园这一共生环境下形成了一定的文化共生模式。

① 中国残疾人联合会残疾人事业发展研究中心,残疾人事业发展研究会.中国残疾人发展与社会进步年度纵览(2023)[M].北京:求真出版社,2023:288-306.
② 洪黎民.共生概念发展的历史、现状及展望[J].中国微生态学杂志,1996(4):50.

## 一、实施现状

### (一)校园文化的类型

文化社交类:以校园图书馆、展示馆、文化体育中心、校园广场等公共场所为主要活动空间的文化活动,在活动过程中实现残疾学生、健全学生的文化社交与圈群融合。张九童、王颖指出残疾大学生身有局限,更需要在参与和融入公共世界中确证自己的公共性本质,在融入公共世界中实现对残障的超越[①]。"残疾"不是建立"自我中心意识"的依据,也不是要求公共世界迁就自己的理由,残疾人的发展离不开公共世界,只有遵循社会公共规范,融入公共关系体系,赢得公共世界的尊重,才能实现对"残疾"的真正超越。此类校园文化的具体呈现包括听障大学生志愿服务队手语助力亚运无障碍、组织学生参与全国残疾人集邮展览、"为你读一本好书"、校园短视频大赛、"民族共富 乡村振兴"暑期社会实践活动、"遇见爱 遇见成长"恋爱观主题班会、我与残奥冠军面对面、社科普及周系列活动、"革命文物进高校"大型巡展、校友开放日、师生羽毛球友谊赛、"迎亚运 共植一株苗"公益植树活动等。

运动游憩类:以文化类、体育类课堂教学以及户外为主要活动空间的动态化校园文化活动,在开放型活动空间中实现运动、休闲、娱乐。此类校园文化的具体呈现包括"趣玩中华传统体育游戏"校园趣味定向活动、校园运动会、体育活动月、school walk、校园盲人门球赛等。运动游憩类校园文化适合具有相对稳定的运动机能的残疾学生参与,在文化活动中达到运动康复、愉悦身心的目的。

创造创业类:以文化创造、文化就业创业为主要形式的校园文化活动,一般以竞赛为主。此类校园文化的具体呈现包括校园创意市集、大学生剪纸大赛、大学生职业规划大赛、专业汇报综合展演、廉洁文化主题书展、阿里巴巴蚂蚁公益日、大学生艺术节、工艺美术 AI(人工智能)创意设计大赛、大学生摄影竞赛、"之江同心·石榴红"党建联建活动、精益求精 勇于创新——争做新时代"匠系青年"名家爱心大讲堂、音乐表演专业"大师讲堂"、大学生硬笔书法大赛、大学生诗词讲解竞赛等。

---

① 张九童,王颖.思想政治教育视野中的残疾大学生公共品格培育研究[J].长春大学学报,2019(9):121.

## （二）分析框架

形式：校园文化的形态、空间。第一，特殊高等职业教育院校作为残疾人文化艺术人才成长的园地、励志教育的基地、城市交流的窗口，集特殊文化、社交和残疾人的集体身份认同等于一体，具有自身独特的样貌。例如，浙江特殊教育职业学院于2022年新增音乐表演专业，首届招收12位视障生与肢残生，年龄层次跨度大，其中视力残疾人11人，肢体残疾人1人。集中力量打造的专业核心课包括钢琴基础、声乐基础；专业基础课包括基本乐理、视唱练耳、盲文乐谱（特色课程）。实训基地方面，打造声乐实训基地、器乐实训基地、钢琴调律基地、综合实训基地等校内实训基地，省市级残联（艺术团）、演出机构、乐器制造厂、琴行等校外实践基地，探索"师带徒"演学结合的人才培养模式。第二，无障碍文化环境、基础设施空间支撑，便于残疾学生在其中顺畅地移动、通信。发挥学校、政府、企业协同育人功能，在教学、考试、实训项目中渗入行业专家要求和实际岗位的标准，达到人才培养与社会需要相吻合，专业与产业对接，实现文化育人、合作就业。

活动：功能关系和社会互动的网络。活动，包括功能关系和社会互动的网络，需要场所、关系网络和文化活动的支撑。文化生产依赖于社会关系网络，因为它被复杂的社会系统所嵌入，作为社会再生产的中心，文化能力在其中得到支持和交流。第一，为了确保特殊高等职业教育院校校园文化和企业的流动以及文化活动的研究和开发，需要在校园文化建设过程中嵌入全周期教育功能、科研功能。第二，校园文化是精神层面的，产生相关的文化产品，需要与文化消费等新经济业态产生关联，提升校园文化的生存可能性，诸如电影、旅游、书籍、服装、饮食、展览、教育培训等。通过鼓励非正式教学和社会互动，比如生产性实训基地、"残疾人之家"等，引导校园文化与就业相互交织的生活方式。第三，校园文化需要全天候的可能性，这对空间提出了混合用途的需求，如兼容性功能，初级用途又产生了次级用途的需求，如学习、餐饮、校园创意市集等。第四，宽容也被许多学者认为是校园文化环境中的一个重要因素，它被视为特殊高等职业教育院校多样化环境的催化剂。第五，引导残疾大学生在公共生活框架下审视私人情感的合理性，推动他们从私人情感向公共情感跃迁。公共意志是连接公共认知、公共情感与公共行为的桥梁。坚定的公共意志既反映了主体对公共世界的深度认同和强烈情感，也推动着公共行为的有效实施。在公共关怀中,公共意志的作用显得尤为重要。关怀伦理学家诺丁斯提出"关怀圈层说",即以关怀者为圆心,根据亲疏关系的差异,关怀者和被关怀者构成远近不同的同心圆[①]。无论是关怀动机的选择、关怀行动的方式、关怀活动的执行,人们都要时刻说服自己克服疏远关系以施展公共关怀。

意义:校园文化所感知的地方意义和身份。意义,代表了使用它的人所感知到的一个地方的意义和身份,体现在场所感和文化语境中。基于讲述故事、传播正能量的特殊高等职业教育院校的校园文化是构建在能够赋予人们权利的"公民文化"信念意义之上的,是对"积极的公民性"的创建:包括公民身份认同、社群认同(包括残健融合的程度)、种族认同、性别认同等。校园文化的 DNA 嵌入在校园公共文化区块中,不同年龄、种族、性别、能力和政治倾向的人从残健融合的角度重新进行彼此的发现,同时挖掘这一公共文化的历史,这就成功地实现了校园文化的意义。我国的高校校园文化普遍采用明确的"自上而下"的治理模式,目前处于发展初期,同时也体现了"自上而下"的治理如何受到更广泛的教育责任的约束。在推进特殊教育普惠发展的大背景下,更多小而精的残疾学生社团逐步"自下而上"兴起,具有整体性、共享性、开放性、多维性等特点。

## 二、制约因素及支持体系建设

### (一)制约因素分析

结构性制约:包括家庭收入水平、闲暇时间、出行方便度、校园设施完善度等方面。以校园设施完善度为例,物质层面的"无障碍",即校园建筑、教学设备、教学方法的无障碍,满足有特殊需要学生的基本需求;精神层面的"无障碍",即从教育理念、教学方式、学生观等方面,接纳、尊重、关照有特殊需要的学生,营造平等互助、携手共进的人文环境能极大保障有特殊需要的学生群体在校园里无障碍地学习、生活、成长,体现了融合教育理念。

个人内在制约:包括健康状况、主观意愿、学习技能、兴趣、情绪等方面。如何"充分尊重残疾学生个体差异",实施以"发现自我价值"为核心的价值观

---

① 张九童,王颖.思想政治教育视野中的残疾大学生公共品格培育研究[J].长春大学学报,2019(9):122.

引领是个人内在制约因素的关键。以学习技能为例，特殊高等职业教育院校的校园文化应符合教育规律、教学规律，要坚持教学、文化工作双向互适规律，使校园文化与残疾学生的接受能力之间保持适度张力和动态平衡；要运用特殊教育工作内化外化规律，通过无障碍电影、手语等各类文化形式，推动校园文化内化于心、外化于行；要恪守校园文化工作协调控制规律，推进不同教育主体之间互动协调，避免不同教育学段之间的生硬对接，提升校园文化影响的同向性与有效性。

人际关系制约：包括同学、社会公众的友好度、有效支持等方面。国际社会对残疾理论认识经历了从医学模式到社会模式，再到互动模式的发展演化。2001年世界卫生组织公布了《国际功能、残疾和健康分类》（ICF），主张残疾既不是纯粹的医学问题也不是纯粹的社会问题，而是个人健康状况和情景因素互动的结果。ICF框架承认环境在减轻残疾影响中的作用，其含义是随着外部环境的物理、社会、态度障碍的减少乃至消除，个人的残疾程度也会随之减轻甚至消除。按照建构主义的观点，校园里的同学、社会实践过程中的社会公众对残疾人的偏见和歧视，通过社会互动内化为残疾人的自我排斥。他们往往会因为不符合社会建构的"正常"身体外形而产生"审美焦虑"以及缺乏社会认可的某种能力而形成"存在性焦虑"[1]，导致其无法参与正常的校园文化生活。

（二）主体构成与协同关系

特殊高等职业教育院校校园文化支持体系包括高校、文化企业、社会组织、残疾学生及其家庭。其协同关系包括残疾学生及其家庭与其他服务主体之间的"需求-供应"、高校与文化企业之间的"委托-代理"、高校与社会组织之间的"协作-互补"、文化企业与社会组织之间的"监督-互动"。

特殊高等职业教育院校校园文化支持体系的发展与形成是一个不断治理的过程，治理的艺术是多层次、多向度的，并不是单一的自上而下的统治行为。治理是一个动态的演进过程，治理机制、治理对象都具有关联性，治理与

---

① 肖日葵，郝玉玲.残疾人社会保障策略优化：弥合收入支持与就业融入的结构性张力[J].南京社会科学，2022(2):77.

策略、机制、机构等微观技术的运作密切相关①。因此，残疾人不仅是校园文化的受益者，也是建构校园文化的主体之一。调查中我们发现，残疾学生的行为是可以被影响、被改变的，他们有意愿、有兴趣参与、融入校园文化。家庭代际关系、社会代际关系中的包括高校、文化企业、社会组织、残疾学生及其家庭等在内的相关利益方在建构特殊高等职业教育院校文化框架中亦具有重要的作用，高校具有公益性特质，其与兼具公益性和商业性的社会文化产业、文创企业相结合的"双轮驱动"模式可以同时获得政府支持和商业投资，如在场地设施、项目策划、人员技能、过程管理等方面实现文化服务专业化，又如手艺营生、文创电商、校园市集等稳定商业模式运作提升文化创意产业支撑性，均能实现校园文化的有效拓展和高效运营。各主体以自上而下或自下而上、内隐性或明确性的方式共同参与校园文化治理，从而不断完善以残健学生为主体的多元主体合作模式构建。

## 第三节　特殊高等职业教育院校文化空间典型场景：创意市集

空间生产理论兴起于 20 世纪 60 年代城市危机在资本主义国家蔓延的背景下，城市空间生产所产生的深层异化与不平等问题使社会理论研究转向对空间的关注。列斐伏尔、大卫·哈维等学者尝试从空间的视角探索城市的价值产生转换和再定义功能。基于空间生产理论的内涵，教育实践的关系属性规定了由此生成和建构的教育空间是以关系为本质的，它通过知识文化、思想观念、价值意识等作用于教育实践意义的建构。教育实践变革作为教育释放自身能量的方式，在受教育空间力量形塑的同时，又以教育关系的持续改善为教育空间的拓展提供内生动力 。高等教育本身及其主客体的复杂性使得教育空间可以被看作是一个"微缩城市"，充满青年特点的特殊职业教育院校中举办的创意市集以再生产的方式不断传承和积累，形成了其在社会结构

---

① Foucault M. Security, Territory, Population: Lectures at the Collège, de France, 1977—1978[M]. Picador: Georg von Holtzbrinck Publishing Group, 2009: 88.

中的权力位置,即布迪厄所谓的"场域"①,不断生产出客观化的形式、关系,在残疾学生、健全学生之间达成依循权力逻辑的平等互动的关系。

"文化空间"概念来自列斐伏尔的"空间生产"理论,原指具有文化意义或性质的实体空间场所②。而公共空间是私人领域的对立面,其起源于西方的近现代公共场所,如建筑、图书馆、展览馆、咖啡店等。公共文化空间融合了公共空间与文化空间,具有价值产生转换和再定义功能的文化空间,是一种在时代发展过程中两者内涵不断融合所产生的新的空间表现形式。特殊高等职业教育院校的校园公共文化空间具有融合性、教育性、文化性等特点,如何通过创意市集、数字经济等新兴业态,构建面向特殊高等职业教育的校园公共文化空间,实现形式生产与关系生产? 如何以文化规划理论为指导,挖掘特殊高等职业教育院校公共文化空间构建在提升城市整体综合实力中的作用? 这些问题成为特殊职业教育领域的新课题。

## 一、面向特殊职业教育的校园公共文化空间

《"十四五"提升残疾人文化服务能力实施方案》(2021 年)提出"探索建立残疾人文化艺术产品销售平台,不断拓宽销售渠道。鼓励各类产业园区、旅游景区免费或优惠为残疾人文化创业提供必要展示空间,支持残疾人发挥特殊艺术才能,参与文化创业"。③ 学界关于特殊职业教育院校公共文化空间的研究相对较少,主要集中在面向残疾人的一般类型社会公共文化空间方面。

从管理学视角出发,聚焦公共文化空间的政策目标定位,通过政策执行、效果反馈、政策目标偏差,探讨营造平等正义关系、提升公共文化服务供给精度,从而提高残疾人等特殊群体文化权益治理效能及政策精准性。依据《文化和旅游部、国家发展和改革委员会、财政部关于推动公共文化服务高质量发展的意见》(2021 年),全国各地市相继出台相关新型文化空间建设项目管理办法,如浙江省前瞻性地出台了《关于高质量建设未来社区公共文化空间

　　① Wacquant L D. Towards a reflexive sociology: A workshop with Pierre Bourdieu [J]. Sociological Theory,1989(7):39.

　　② Lefebvre H. The Production of Space[M]. Smith D N,Trans. Oxford:Blackwell, 1991:15.

　　③ 关于印发《"十四五"提升残疾人文化服务能力实施方案》的通知[EB/OL]. (2021-09-08) [2023-12-31]. https://www. cdpf. info/zwgk/zcwj/a2742491d03d4edbbf04937 99661be61. htm.

的实施意见》(2020 年),明确保障未成年人、老年人、残疾人、流动人口等特殊群体享有服务的权益,积极创造条件,提供适合其需要的文献信息、艺术普及、无障碍设施设备和志愿服务等。刘彦武等基于文化空间的公共资源公平性,提出文化民主与空间正义的文化空间治理模式,包括面向共识的协商对话机制、面向权力制约的公众参与机制、面向市场规制的资本引导制衡机制、面向民众的自我激励机制等。从政策指向来看,我国正在不断优化和创新供给残疾人公共文化空间的保障体系①。

从社会学视角出发,聚焦残疾人公共文化空间的构建、行为空间特征研究,针对不同残疾类别群体的生理和心理特征,结合地域文化特点,提出公共文化空间的营造理念。张琳琳以高等院校校园景观为研究对象,界定各类障碍者,分析高校校园景观的规划系统、空间类型与各类群体需求,继而剖析包容性更新改造的特殊性②。肖昕茹基于残疾人认知草图和访谈,探析其在大规模城市更新和社会经济发展中的现状及社会排斥作用表现,发现残疾人社会空间被压缩,文化类型单调、内容贫乏、参与水平低,形成的文化意象空间模糊③。

从教育学视角出发,基于教育实践与教育空间的互动关系,就我国特殊职业教育空间的现实而言,实现教育空间从"隔离到融合""从单一到多元"是关键。空间生产理论为我们重新审视以教育空间优化促进教育实践,进而推进特殊职业教育高质量发展提供了依据。教育空间在解决微观教育问题时的价值已有所体现,已有研究以空间三元辩证理论视角,从空间的实践与学校空间的优化、空间的表征与学校实体空间的超越以及表征的空间与虚拟教育空间的建构三方面深度挖掘了教育空间的实践价值④。以教育空间正义的视角,指向构建突破区域、校际、阶层空间的教育共同体,让教育资源实现时

---

① 刘彦武,刘芷晗.文化民主与空间正义:广场舞的文化空间治理[J].文化艺术研究,2023(1):96-116.

② 张琳琳.包容性校园景观更新规划设计理论研究——以清华大学为例[D].清华大学硕士学位论文,2019.

③ 肖昕茹.上海市残疾人社会空间研究[D].华东师范大学博士学位论文,2010.

④ 王稳东.教育空间:内涵本质与三元建构[J].中国教育学刊,2021(10):36-40.

空拓展①。教育社会学视角,更多地聚焦残疾人公共文化空间的构建、行为空间特征研究,针对不同残疾类别群体的生理和心理特征,结合教育类型,提出教育空间的营造理念。

公共文化空间已成为残疾人教育、生活的重要形式,但从公共文化空间规划建设、运行管理、服务提供及扶持补助切入议题停留于宏观层面。而选取特殊职业教育院校的创意市集这一贴近残疾人、新兴的文化现象,从文化规划视角挖掘其文化社会学意涵,在推动特殊职业教育发展、提升残疾人公共文化服务水平、提高残疾人的文化生活质量和社会参与度等方面更具有典型意义。

## 二、破题"隔离到融合""单一到多元"

### (一)面向特殊职业教育的校园文化基础设施相对薄弱,无法满足学生需求

特殊职业教育的校园公共文化空间类型主要包括无障碍图书馆、校史馆、特殊教育博物馆、文化广场、朗读亭、唱吧等,这与现有的高等教育发展公共功能相吻合,但其中的哪些元素与残疾学生有关? 以什么方式或在什么程度上与残疾学生相关? 回答这个问题取决于个体正在寻找什么,或者说立足点是什么。近年来,随着高等教育的规模不断扩大、质量不断提升,校园承载功能和集聚效应明显加强,面向特殊职业教育的校园公共服务功能呈现地域发展不平衡、校园公共文化空间基础设施数量不足、类型滞后等问题,不能完全适应在校残疾学生的日常教育、生活、消费需求。促进校区、园区、社区相融合,打造面向残健学生的公共文化空间——创意市集成为一种新的可能。

### (二)面向残疾人的城市创意市集功能多样,但与校园公共文化空间的有机融合不足

后疫情时代,创意市集如火如荼地发展,在构建公共文化空间的理论与实践方面起到了积极的促进作用。江苏省南京市琵琶街公益市集爱心基地,浙江省杭州市形成的"武林夜市一摊、荷湾一街、天目里一园"等面向残疾人的常态化创意市集场景为残疾人公共文化空间的构建提供了可探索的样本。

---

① 张兴.以教育空间正义推进社会公平正义:生成逻辑与实践路径[J].教育理论与实践,2023(25):16-25.

特殊职业教育院校，尤其是特殊高等职业教育院校，近年来也尝试探索将文化创意相关专业与校园公共文化空间构建相结合，形成创意市集这一典型场景，但形式、内容、频率等尚未充分融合城市创意市集的多功能性，尤其在借鉴较为成功的阿里巴巴 95 公益周、腾讯 99 公益日等常态化城市公益文化空间构建方面，尚未实现校园公共文化空间引导与特殊职业教育就业导向相衔接。

### （三）场景特色彰显不足，呈现校园文化"孤岛化"现象

现有面向特殊职业教育的校园公共文化空间以大块面彩色、风雨连廊、相对隔离等为特点，与普通高校的校园公共文化空间相比，一方面，尚未彰显残健融合的文化特色，尤其是在数字经济浪潮下，"善科技"助力特殊职业教育校园文化建设方面相对缺位，尚未把空间看作是校园文化价值混合体。另一方面，与普通高校相比，呈现出校园公共文化空间"孤岛化"现象。

### 三、基于文化规划视角的特殊职业教育校园文化公共空间发展转向

以文化为出发点的城市整体性发展策略兴起于 20 世纪 70 年代的西方，经历了从"文化政策"到"文化治理"再到"文化规划"的演变历程，是城市发展过程中的针对文化资源和文化需求的一种规划方法。"文化规划"的正式提法见于 1979 年经济学和城市规划学家哈维《艺术提升城市生活》一文，作者将其作为一种方法推荐给社区，以达到社区文化认同和社区文化资源利用的双重社会目的[1]。20 世纪 90 年代开始，以城市整体发展为目标的文化规划在西方兴起，通过全局性、策略性地运用文化资源促进城市整体发展，成为有效战略[2]。我国最早在创新城市相关的文献中引入了西方的"文化规划"概念，并从 20 世纪 80 年代开始实施以文化事业发展规划为主要形式的文化规划，在规划目标的转变、政府角色的调适、对"人"的关注、规划目标的不断深入等方面实现转向。

### （一）规划目标的转变

长久以来，特殊职业教育以"就业"为导向，重点培养残健学生的综合职

---

[1] Perloff H S. Using the arts to improve life in the city[J]. Journal of Cultural Economics, 1979, 3: 1-12.

[2] 李祎，吴义士，王红扬. 从"文化政策"到"文化规划"——西方文化规划进展与编制方法研究[J]. 国际城市规划, 2007(5): 75-80.

业能力。大规模的城市更新计划压缩了特殊教育院校在城市中心区的生存空间，校区逐步向郊区大学城迁移，亟待实现原有城市中心区的文化创新与转换功能。随着"文化强国""教育强国"战略的实施，开放式、社交式的创意市集场景为面向特殊职业教育的校园公共文化空间提供了新的教育实施空间、日常行为空间、文化意象空间。

（二）政府角色的调适

我国在规划初期较为注重经济目标，以至于在文化规划过程中出现了过于偏重引进国外规划设计团队、热衷于规划与城市能级相距较远的旗舰级校园文化基础设施等导向。21世纪以来，针对不同政策目标的城市公共文化空间，城市治理也发生了转变，从传统的政府对公共资源的被动管理，变为积极主动的企业战略，包括与私人组织的密切合作等。这些变化促成了面向残疾人的"残疾人之家"、残疾人文化体育服务中心、创意市集等新兴公共文化空间的构建，并实施了一系列富有创意的残健融合型教育空间更新策略。

（三）对"人"的关注

创意市集，其人性化尺度的规划，意味着赋予"人"良好的校园交往空间，其精细的城市形态，成为校园文化集聚的场所、文化创意生产关系网络的存在之处、城市个体意义和身份的象征。创意市集中的产品一般为普通耐用品或手工艺品，是残疾人灵感原创产品，可能不完美、有瑕疵，但用心和创意是对作品最美好意义的赋予，这与残疾人的生理、心理特征互补。

（四）规划目标的不断深入

创意市集通过从地理空间到文化空间的转换、从场域生产到职业教育的转换、从残疾人日常托管到生产生活的转换，将这一典型场景作用于特殊职业教育校园公共文化空间整体构建，同时对残疾人公共服务高质量发展、城市融合氛围的营造产生了深层次的影响。

综上所述，一方面，文化规划是"文化治理"理念在城市发展过程中针对文化资源和文化需求的一种规划方法。在文化规划的范畴中，创意市集等文化行为和文化资源被概念化为动态的、普遍存在的过程，而不是一系列静态的艺术品与实践，它与人才培养模式、教学方法、课程设置乃至校园安全等一系列教育问题相关联，成为面向特殊职业教育校园规划的重要组成部分。另一方面，将文化规划置于城市文化的大范畴中去考量，文化规划不仅仅是"治理"的一种手段和工具,更是推进城市整体发展过程中,凸显文化意义和重要性的形式。面向特殊职业教育院校探寻以空间为基础的文化行为潜力,以此作为活跃校园文化、增强特殊职业教育认同感的"敲门砖"。

### 四、"创意市集+":不同类型特殊职业教育校园公共文化空间实践解析

创意市集脱胎于欧洲的早期市场,在 20 世纪 80 年代基本成型,成为城市创意社群开展活动的重要舞台。面向特殊职业教育的不同类型,创意市集借助校园空间中的人文活动,打开了创意文化进驻特殊职业教育校园公共空间的窗口,得以连接城市、社区、校园,并开展独特的文化教育实践。

(一)"校内全真实训基地+创意市集":打造产教融合共同体

以特殊职业教育院校西式面点类校内全真实训基地为例,目前基地以校园文化活动月、残疾人单独招生考试等节点契机,开展主题类型校园创意市集,将中西面点制作、营销与创意市集相结合,实现实训场所与工作场所合一、学生与员工合一、教师与专家合一、教学内容与工作任务合一、作业与产品合一。残疾学生作为校园文化的主体,结合专业实训学习,自发地聚集、开办创意市集,以新族群的方式引发社会学意义上的集聚行为,在创意市集中通过集体的、无意识的、平等的社会沟通实现意义生产与消费。

(二)"社区+创意市集":打造残健融合、共享友好型社区

以浙江特殊教育职业学院和漫巷校外生产性实训基地为例,基地毗邻杭州市留下街道翰墨香林社区,选择中西面点工艺、电子商务、工艺美术品设计、康复治疗技术(推拿)、特殊教育(手语翻译)等面向残疾人和残疾人事业的专业入驻,与杭州市玫隆食品有限公司、匠铜实业有限公司、杭州协享智汇科技有限公司、微笑咖啡有限公司、文新文化创意产业园有限公司、杭州手语姐姐无障碍交流服务中心合作,组建由学校、科研机构、上下游企业等共同参与的跨区域产教融合共同体。学校与社区充分发挥"邻里间"的地缘优势,集合网红咖啡、本土点心、非遗制作等业态,定期推出"长者学堂"扎染工艺体验课程、手工铜艺 DIY、无声咖啡师体验官等创意市集摊位,持续联动党建团建、技能培训、敬老服务,一方面构建面向特殊职业教育的开放型公共文化空间,另一方面提升社区的综合服务能力,探索打造残健融合的示范社区。城

市居民在闲暇时光中通过对创意市集的游逛获得休闲娱乐的享受、获得对特殊高等职业教育的普遍性认知。

（三）"开放式公共空间＋创意市集"：打造"景观消费"产业链

传统的校园公共空间通常具有"孤岛"的时空特点，不是常见的物质生产或交换场所，而是满足学生基本校园需要后，使他们自主、能动地参与活动，提升精神需求的空间场所。面向特殊职业教育的新型校园公共文化空间将不同性质的空间相叠加，吸引的主体也相对多样，满足不同层次的需要。以"拒绝焦虑'蕉'个朋友"创意市集为例，该市集以考试周为主题，利用校园整体开放式空间开展"City Walk"，并售卖心情盲盒、"拒绝焦虑"文创口罩（专业实习作品）等产品，营造校园文创消费新场景，在当下的"丧文化""衰文化"中从精神到行动引领了一股积极向上的清新之风。再如走出校园、走进蚂蚁集团公益市集，展售工艺美术品专业学生的油画作品、扎染手工艺品，数字媒体艺术专业学生的插画手账本、文创周边产品等，活动现场还开展手绘卡通漫画等体验活动。值得注意的是，实现景观意义的同时，创意市集探索引进具有残疾人文创运营经验的专业机构，实施品牌化运作，从残疾学生文创商品的属性、故事、价值、文化等角度进行全方位打造，实现文创产品"研发、制作、包装、销售"产业链的无缝对接，为残疾学生搭建文化与就业的桥梁，在"作品—商品"的转化中实现就业转衔。

（四）"多元融合＋创意市集"：形成多元生产业态和文化艺术元素

以特殊职业教育院校与本科院校联合培养的视觉传达设计专业毕业作品展为例，通过"课程地图"串联学段进程，特殊职业教育院校充分发挥与应用型本科高校合作办学的资源优势、空间优势，在本科院校举办海报、广告、包装设计、品牌形象设计等毕业作品市集，作品包含了视觉、听觉、嗅觉等丰富的感官符号系统。极具感官化的创意性商品及符号构成了创意市集的景观，表达了听障学生内心深处的情感和思考，实现了特殊教育与普通教育、职业教育与本科教育的公共文化空间的融合，结合校园艺术馆、创意生活空间、文化广场等元素，以沉浸式文化体验，打造了年轻化、有想象力、有温度的校园间"社交客厅"。

## 五、残疾人公共文化空间的发展转向

**(一)以"残健融合"的规划理念,提升特殊职业教育院校公共文化空间的社会价值**

残疾人公共文化空间随着现代"残疾人观"的不断发展、我国公共文化服务高质量发展[①],实现了从隔离到融合,从单一到多元的转向。校园创意市集作为城市公共文化空间中一种相对特殊、独立的部分,应该是一个积极的有机整体,主动地参与城市公共文化空间有机更新。文化转向的过程,也是公共文化空间的内涵与外延同残疾人自我认同、自我发展、自我实现发生"融合"的过程。在全球化、个体化、中产阶级化和文化消费需求增长的背景下,场景理论为人类认识城市形态提供了新视角。场景理论的基本要素作用于创意市集这一面向特殊职业教育的校园公共文化空间:创意市集是残、健学生在特定的地域(校园)上聚集形成的地理分析单元,一次创意市集平均约有1000人的师生规模,其小巧的体量相较社区、城市等空间范围,更易捕捉到校园内外部的区别;创意市集作为具体而微的实物景观将场景植根于有形的、可识别的校园集聚空间内,校园文化活动月、志愿者活动、长者学堂等形式交汇成文化风景线;不同类别的特定聚集人群更易受场景的高度关注,尤其是面向残疾人的创意市集场景,其集聚了不同残疾类别的残疾人与健全学生,这一新元素的注入在创意市集的原有元素中产生新的触媒点,引发新的触媒反应,循次引发"链式反应",带动校园文化整体持续更新;特殊的场景易将不同的要素链接起来,形成特色活动和场景象征意义的表达,面向残疾人的创意市集充分表达了"残健融合"的校园文化共同价值观。

**(二)实施层级化、混合化的校园公共文化资源布局模式**

在校园更新与迭代中,公共文化空间持续生长。"残健融合"的内涵被不断迭代,创意市集作为"网红"的属性逐渐淡去,更多以"空间"的身份对校园文化进行整体探索与支持,服务的对象也逐渐延伸至校园外的生产性实训基地、周边社区等,承担着空间衔接和赋能的重要作用。面向中小学生的特殊职业教育体验市集、面向残疾人单独招生考试学生的专业体验市集、面向培

---

① 厉才茂,毛修炳,肖阳梅.残疾人服务体系建设要义阐释[J].残疾人研究,2013(4):37.

训学员的培训成果展示市集、面向周边社区的银龄市集等，探索建立"区域—社区—校园—专业"等层级化、混合化的公共文化空间资源布局模式，成为创意市集服务特殊职业教育、服务校园文化提升、服务"残健融合"社区建设、服务城市整体提升的关键，从而构建一个面向残疾人的"全龄教育"未来图景。

（三）回应不同类型残疾学生的新型校园公共文化空间需求

创意市集是面向特殊职业教育校园公共文化空间的一部分，其形式生产与关系生产有助于增加校园认同。创意市集的成功与否不仅仅取决于举办的水准、规模，更重要的是能否吸引外部注意的同时持续地回馈校园。回归初心，关键在于深入理解"在地"的需求，兼顾未来的发展。面向特殊职业教育院校的校园公共文化空间更需回应听障学生的传统手工艺制作特长，视障学生的音乐表演、推拿特长，肢残学生的电子商务营销特长等，从创意市集衍生形成"工艺、展览、演艺"等一系列核心、自有的校园文化品牌。例如，回应手工劳作与实践操作的艺术类特殊职业教育教学模式，把固定的教学空间进行创新改革，将固定的"教室"发展为空间多义的"工作室""工坊"，为未来特殊职业教育教学的发展与融合提供多种可能。"宿舍—工作室—工坊"的垂直式分层体系，将残疾学生的生活与教育空间相融合，塑造出以兴趣为纽带的校园空间，体现"大学即社区"的概念，加速一个新兴校园身份认同与情感联结的形成，开启理想状态的校园温度生活，逐渐向外辐射能量。

总之，创意市集是面向特殊职业教育院校的一个新型公共文化空间，制造和传达着美好的、和谐的教育图景与意义，为残健群体提供了一个创意性的展示、社会互动空间，在社会学意义上构建了青年亚文化中的一个新的社会群体——创意社群①，并以残健融合、自发自治的形式凝聚和呈现。我们试图从文化规划视角对面向特殊职业教育的校园公共文化空间作文化社会学的解析，随着文化规划理论的不断丰富与创意市集本身的发展走向，该命题将迎来更为广阔的研究思路。

---

① 张庆梅.创意市集：青年亚文化资本的场域生产、景观消费和群体狂欢[J].中国青年研究，2017(11)：5.

# 第六章　环境融合：城市与校园无障碍环境规划、建设

以空间为分析视角研究社会问题是地理学和社会学相糅合的概念。无障碍环境作为城市公共资源，与残疾人的社会空间概念既相互重合又有所区别，两者通过互动、治理，实现功能、价值的递进。本章从谁在使用无障碍设施、无障碍环境建设得如何、我们需要什么样的无障碍环境等维度探析城市与校园无障碍环境的互动，揭示残疾人社会属性的空间差异及其社会学含义，构建特殊高等职业教育院校无障碍环境的制度分析框架，探索校园无障碍环境的具体实践。

## 第一节　谁在使用无障碍设施：面向群体的界定

20世纪初，建筑学界主张运用现代技术建设和改造环境，为广大残疾人提供行动方便和安全空间，"无障碍设计"方法应运而生，旨在创造一个"平等、参与"的环境。1961年，美国制定了世界上第一个《无障碍标准》。此后，英国、加拿大、日本等几十个国家和地区相继以立法形式推进。但当下社会，对城市"无障碍环境"的认识依然存在一定误区，认为无障碍环境是为特定"有需要的人"而建设的。综合国内外相关研究，包括如图6-1所示的英国学者1993年提出的通用设计及需求金字塔，我们认为，需要使用无障碍设施的群体主要包括以下三类：第一类是必须使用的群体，以残疾人为主。据世界卫生组织统计的数据，全世界人口中约有10％的残疾人。截至2022年底，我国持有残疾证的人口达8591.4万人（其中全国残疾人人口基础数据库入库持

证残疾人 3780.7 万人①），大约相当于德国全国的总人口。第二类是可能使用的群体，世界卫生组织数据表明，人到 60 岁以后，身体机能开始出现明显变化，身体的综合能力逐渐衰减，其中肢体和行动能力下降最明显，因此老年人也会逐渐依靠无障碍设施出行。官方数据显示：截至 2010 年，我国 60 岁及以上人口为 1.78 亿人，占总人口的比例为 13.3%，而 2020 年增长到 2.64 亿人，占总人口的比例为 18.7%②，预计到 2030 年，我国将成为全球人口老龄化程度最高的国家，60 岁以上人口占比将超 30%。老龄化正迅速成为我国社会面临的重大挑战之一。第三类是偶尔使用的群体，实际上每个人在一生中都可能或偶尔需要无障碍环境，因此国际上将无障碍设计称为"为所有人"的设计。

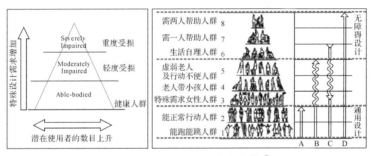

**图 6-1　通用设计及需求金字塔③**

城市空间环境是城市中所有人使用的公共产品，无障碍设施是创造无障碍环境的物质条件，城市公共空间具备这些条件才是公平的、高质量的，才能为所有人使用，无障碍环境建设是老、弱、病、妇、幼、残等弱势群体的共同需求。

2017 年，中国残疾人联合会在全国范围内遴选了 6 所高校开展高等融合教育试点工作，分别为北京联合大学、长春大学、四川大学、武汉理工大学、郑州工程技术学院、南京特殊教育师范学院，均为本科院校，对于高职院校的无障碍校园环境建设经验总结较少。

---

① 2022 年残疾人事业发展统计公报[EB/OL].（2023-04-09）[2024-02-21]. https://www.cdpf.org.cn/zwgk/zccx/tjgb/d4baf2be2102461e96259fdf13852841.htm.

② 第七次全国人口普查公报（第五号）——人口年龄构成情况[EB/OL].（2021-05-11）[2024-02-21]. https://www.stats.gov.cn/sj/pcsj/rkpc/7rp/zk/html/fu03e.pdf.

③ Benktzon M. Designing for our future selves：The Swedish experience[J]. Applied Ergonomics，1993，24（1）：19-27.

## 第二节　无障碍环境建设得如何:以浙江省为例

### 一、无障碍环境规划、建设、管理的政策形成

从政策形成来看,1997 年 12 月 12 日通过的联合国大会第 52/82 号决议确定,无障碍环境是进一步提高残疾人机会均等的优先工作。经验表明,强调无障碍环境是改变排外观点,积极持续地提高机会均等的有效方法。问题的复杂性要求,如果要增加政策过程的价值,就必须系统地提出无障碍环境的概念。截至 2022 年底,浙江省已出台 67 个无障碍环境建设与管理法规、政府令和规范性文件①。围绕筹办亚(残)运会、共同富裕等主题,2020 年 6月,《杭州市人民政府办公厅关于印发杭州市"迎亚(残)运"无障碍环境建设行动计划(2020—2022 年)的通知》发布,明确了"推进法规标准建设、提升硬件设施水平、优化信息交流环境、完善管理工作机制"四大重点任务,提出"以亚(残)运会场馆所在区、县(市)为重点区域,以城市道路、公共交通、体育场馆、公共服务场所及信息交流等领域为重点,补齐无障碍设施短板,营造无障碍信息交流环境,全方位、系统性推进全市域无障碍环境建设"。2021 年 7月,《杭州争当浙江高质量发展建设共同富裕示范区城市范例的行动计划(2021—2025 年)》发布,明确提出"全面提升城市国际化水平,高品质建成'亚运三馆三村'重大工程,实施一批智能亚(残)运重大标志性项目,全面提升城市无障碍设施保障水平"。省市层面的相关政策法规,形成统筹推进、多元协同治理、社会共建共享的工作格局,建成政策齐备、标准健全、设施完善、信息通畅的国内一流、国际领先的城市无障碍环境。2020 年,浙江省成立省级无障碍环境促进会,2022 年,全省开展无障碍环境建设检查 746 次,无障碍培训9984 人次。创建省级无障碍社区 108 个,完成重要公共服务场所无障碍改造1056 个,实施残疾人家庭无障碍改造 7994 户②。2023 年 6 月颁布的《无障碍

---

① 2022 年浙江省残疾人事业发展统计公报[EB/OL]. (2023-04-27)[2024-02-27]. http://www.zjdpf.org.cn/art/2023/4/27/art_1229440 458_68927.html.

② 2022 年浙江省残疾人事业发展统计公报[EB/OL]. (2023-04-27)[2024-02-27]. http://www.zjdpf.org.cn/art/2023/4/27/art_1229440 458_68927.html.

环境建设法》，从国家立法层面推进无障碍环境建设治理体系和治理能力现代化，服务于各类残疾人（包括视力残疾、听力残疾、言语残疾、肢体残疾、智力残疾、精神残疾和多重残疾等 7 类）、老年人等群体，也服务于行动不便的群体，如病人、孕妇及儿童，以及情境性障碍人群。

从政府协作来看，配合亚（残）运会，杭州市文广旅游局发布了全国首个《饭店无障碍基本设施与服务规范》；杭州市建委发布了《杭州市无障碍环境融合设计指南》；杭州市地铁集团完成了《杭州地铁无障碍设计规程（草案）》编制；亚组委完成了《2022 年第 19 届亚运会、第 4 届亚残运会——场馆运行转换设计导则》编制；杭州市无障碍办（市城管局）制定了《杭州市无障碍环境改造标准指导意见》。在无障碍环境改造过程中，政府通过协作，严格把好规划、设计、施工和验收关，确保建设项目符合无障碍设计规范要求。对于新建、改建、扩建项目，实行无障碍设施同步设计、同步施工、同步验收。规划部门将《无障碍环境建设发展规划》纳入城乡规划，在审查建设项目时，将建设无障碍设施列入审查范围，要求业主单位严格落实盲道、坡道、电梯、泊位、公共卫生间等公共场所无障碍设施设置。对不符合规定建设项目一律不予核发建设工程规划许可证。同时，加强对规划实施的监督检查，及时纠正和查处不按规划建设无障碍设施的行为，对未按规定建设无障碍设施建设单位，不予通过竣工规划核实。建管部门在审查建设项目施工图设计文件时，对不依照国家强制性规范进行无障碍设施建设的，施工图审查不予通过，不予核发建设工程施工许可证。同时，将无障碍设施建设纳入建设工程质量监督的重要内容，对未按设计要求建设无障碍设施工程，不予进行竣工备案。对拒不执行国家标准《无障碍设计规范》规定的，严格按照《建设工程质量管理条例》和《实施工程建设强制性标准监督规定》等有关法律法规予以处罚。未按规范进行无障碍设施建设的工程，不得参加各类评优评奖。

**二、城市道路无障碍环境建设和改造**

在各种交往场合中，距离与强度，即密切和热烈的程度之间的关系也可以推广到人们对于建筑尺度的感受。在尺度适中的城市和建筑群中，窄窄的街道、小巧的空间、建筑物和建筑细部、空间中的活动令人感到温馨和亲切宜人。反之,巨大空间、宽广街道和高楼大厦的城市则使人觉得冷漠无情①。这一点在城市道路无障碍环境建设和改造过程中尤为明显。杭州市在城市道路无障碍环境建设和改造过程中,注重硬性指标的改造与软性尺度的结合。硬性环境改造方面,依据国家《无障碍设计规范(GB50763—2012)》要求,对新建、扩建和改建道路的人行道,在各种路口、各种出入口及人行横道等都设置缘石坡道,采用全宽式单面坡缘石坡道。对人行道及人行横道各种路口坡化实施改造,在市中心位置新建、扩建和改建的主干道及主要商业街、步行街等处的人行道都设置了盲道,道路周边场所、城市绿地和重点公共建筑的主要出入口设置提示盲道,并与道路上人行道的盲道相衔接。结合杭州市第4届亚残运会的承办,场馆侧改造提升14万个无障碍点位和重要公共服务场所,对亚运场馆、亚运村、定点酒店以及机场、地铁、火车站等1800多个项目开展竣工前体验督导;城市侧提升城市道路75条段、盲道3000多千米、缘石坡道2.9万处、城市人行天桥地道50座、无障碍公厕1600余座,实施老旧小区电梯改造1000台、公交站台3500余处,推出300辆无障碍巡游出租车,并打造以西湖、良渚、大运河等世界遗产为核心的5条无障碍旅游线路②。软性尺度方面,推广"窄路密网、开放街区"模式,尤其是亚运村建设过程中,在地块之间设置断面较小的城市支路,通过"毛细血管"构建一个密集的交通网络,在居住街区里形成共享街道,行人、玩耍的儿童、骑自行车的人、停靠的车辆和行驶的车辆都分享着同一个街道空间。通过重新设计街道的物理表面,赋予行人社会与物质的支配权。以人为本的城市道路无障碍环境改造为特殊群体提供了便利的交流交往空间,提供了良好的社交平台和氛围。

### 三、公共建筑设施无障碍环境建设与改造

按照国家《无障碍设计规范》(GB50763—2012)的要求,对新建、扩建和改建的教育建筑、医疗康复建筑、体育建筑、商业服务建筑、城市广场、城市绿地、汽车加油加气站、高速公路服务区、室外公共厕所等各类公共建筑实施无障碍设施建设达100%。普及无障碍厕所,方便残疾人使用。对已经建成的

---

① 盖尔.交往与空间[M].何人可,译.北京:中国建筑工业出版社,2002:71.

② 杭州改造14万个无障碍点位 助亚残运会"有爱无碍"[EB/OL].(2023-10-13) [2024-02-27]. https://baijiahao. baidu. com/s? id = 1779637441135476125& wfr = spider&for=pc.

各类公共建筑的服务设施进行相应的无障碍改造。在政府办公建筑、综合(专科)医院、城市广场、城市绿地、大中型商场、汽车加油站、高速公路服务区实施无障碍改造,主要对建筑物出入口进行坡化处理,设置无障碍通道、无障碍楼梯、无障碍电梯、无障碍厕所及无障碍厕位,停车场设置无障碍停车位,在显著醒目位置设无障碍标志,医院、公园等公共服务建筑设低位服务设施;对邮政、电信、银行、室外公共厕所实施无障碍改造。对文化馆、图书馆、影剧院、体育场馆实施无障碍改造,使其符合改造要求。总体而言,公共建筑设施无障碍环境改造覆盖了医院、学校、商场、地铁、高铁、公交、道路、公园、公厕、办事大厅等各类生活场景。

### 四、公共交通设施无障碍环境建设与改造

在地铁、城际铁路建设过程中,同步建设无障碍设施,方便特殊群体使用。对已建汽车站出入口进行坡化处理,设置无障碍通道、无障碍厕所及无障碍厕位,同时设低位服务设施,公交车站等候区设提示盲道,设置无障碍标志,公共汽车等公共交通工具设置残疾人专座,并在人文无障碍环境建设上出"特色"。2021年9月,"#杭州地铁有多贴心#"冲上微博热搜、抖音热榜,现有换乘地铁站均设置"彩虹畅行小纸条",为不方便智能设备操作的特殊群体提供指路引导,"彩虹畅行小纸条"上打印着当前站点通往景区、交通枢纽等热门站点的最优路径,这些最优路径都是地铁工作人员综合考虑换乘次数、乘车时耗、最低票价等信息得出的。残疾人地铁出行从进站就提供一对一服务,研究、完善并推出了《关于特殊人群使用无障碍轮椅踏板线网联动处置机制》,包括垂直升降梯、轮椅斜坡踏板专用安放,服务内容从上车车站无缝连接至下车车站。

### 五、福利及特殊服务建筑、居住区、家庭、旅游景点、乡村无障碍环境建设与改造

福利及特殊服务建筑方面,新建、扩建和改建与残疾人日常生产、生活密切相关的特教学校、福利企业、康复中心、残疾人综合服务设施、残疾人福利机构、儿童福利机构、养老机构、老年人服务设施全部实现无障碍化,并符合国家《无障碍设计规范》(GB50763—2012)的要求。居住区方面,新建、扩建和改建居住小区、居住建筑无障碍设施建设率达100%,对已建居住小区逐步进行改造,完善小区内人行道、公共绿地、公共服务设施、无障碍停车位的设置。

旅游景点方面,按规范在 5A 级旅游景点审批中,要求同步建设无障碍设施,保障残疾人旅游的权利。在残联和有关部门的推动下,近年来,杭州市旅游景点无障碍环境建设取得较大进展。杭州西湖景区的花圃、灵隐,西溪国家湿地公园均完成了无障碍设施改造,基本满足残疾人出游的需求。乡镇、村庄无障碍环境建设方面,依托美丽乡村示范村建设,逐步对农村重点公共场所、路段进行无障碍改造,设立无障碍坡道、无障碍扶手等,逐年扩大无障碍村建设的范围。

### 六、信息交流无障碍环境建设

在各县市区残联网站设置无障碍阅读,在县级以上电视台开办手语节目,在公共图书馆开设视力残疾人阅览室或阅览区域,提供盲文读物、有声读物。加大手语、盲文等相关专业人员的培训力度。2020 年,杭州文广集团助残志愿者雷鸣获"最美杭州人"称号,他发起的"无障碍电影"入选市精神文明建设十件大事,在电影对白和音响的间隙,插入对于画面的声音讲述,制成可复制、可传播的无障碍电影,为视障人士构筑了一条"文化盲道"。

## 第三节　公平、全面、高质量:无障碍校园规划建设

无障碍环境不是一种行为或状态,而是指进入、接近、利用一种境遇或与之联系的选择自由。事实上,面向特殊群体的无障碍校园环境不仅适用于特殊高等职业教育院校,对于普通高等院校而言同样适用。我们试图从构建内容、构建主体、构建目标等角度入手,寻求公平、全面、高质量的无障碍环境规划建设"浙江经验"的内在机制。

### 一、协作——做你想做的事了吗？学校各部门协作推进规范化无障碍校园环境建设

校园发展规划部门、后勤管理部门、物业协作部门、教学管理部门、学生自治组织等构成了协作推进规范化无障碍环境建设的主体。

校园发展规划部门方面,以浙江特殊教育职业学院为例,学校"十四五"发展规划的 13 项重点举措中,其中 1 项即为"坚持'以生为本,融合共享',全力推进校园无障碍建设",从顶层设计角度明确了一流的无障碍校园环境是

特殊高等职业教育院校的标准配置。

后勤管理部门、物业协作部门方面，侧重无障碍基础设施建设。统筹规划校园建设，打造宜人的校园环境、特色的人文景观，建设绿色生态校园，构建优美大气的环境文化。以学校历史文化为基础，对办学理念、办学特色进行提炼、固化与宣传，形成"特殊教育"的文化精神。结合学校特点和专业建设需求，做好校园文化与企业文化、产业文化融合，积极培育内涵丰富的校企文化品牌。在硬件上对标无障碍建设标准进行改造，主要包括通行无障碍、操作无障碍和标识无障碍三部分，室内环境设计主要从照明设计、声环境控制以及通风采暖三个方面进行，设计遵从"交往性""人性化""引导性"，对有特殊心理需要的学生进行补偿。结合学生特殊的生活模式和行为习惯，进行点、线、面全方位多角度的无障碍设计，完善教学和生活辅助设施，营造生理、心理层面的无障碍空间，充分利用色彩、图案和特殊开窗的作用，对不同类型的教学楼、教学用房进行鲜明的界面色彩改变，使校园环境充满生机和活力，并增强识别性。

教学管理部门方面，侧重无障碍教学环境建设。不断加强信息化建设，为学生提供多样的信息资源和交流手段，为残疾人提供语音和文字提示等信息交流服务，实现信息交流无障碍。构建便捷高效的多媒体教学环境，利用数字化资源，构建网络化平台，开发和采用盲文、手语、字幕、特殊通信设备等辅助技术或替代技术，为学生接收和传播信息、参与社会生活创造条件。针对盲生的支持主要包括：盲文教材制作、2D盲图制作、视觉障碍辅具支持、有声教材制作、语音二维码铺设、盲生专用教室建设等。针对聋生的支持主要包括：语音智能转换系统、无障碍通用教材、MOOC课（慕课）无障碍改造、聋人教学空间的营造等。

学生自治组织方面，侧重通过学生会、学生社团等平台实施无障碍人文环境建设。营造一种消除歧视、人人平等，社会交流、交往、参与无障碍的文化氛围，促进残疾学生的个性化发展。一方面，动员社会各界采用多种形式扶残助学，探索与医院、康复机构之间资源共享的途径和方法。另一方面，促进文化认同，营造全纳文化精神，以学生根本需要为出发点，满足学生对舒适、美观、愉悦等的心理、情绪需求，在精神上保证残疾人平等切实参与学校生活，形成人性化、包容化、个性化的人文环境。依托"国际残疾人日""国际盲人节""国际聋人节""全国助残日""全国爱耳日""全国爱眼日"等主题节日，广泛宣传残疾人自强励志事迹，营造"平等、共享、参与"的残健融合校园文化氛围。

## 二、社交——原本的不方便变得方便了吗？ 积极推进"螺蛳壳里做道场"式改造

人们普遍关注空间的使用、空间的品质和空间的人性化维度三者之间的密切联系。正如城市能带来城市生活一样，许多实例显示出单一空间的改造更新甚至是细部上的变化同样可以给人们带来一种全新的使用模式[1]。近几年来，特殊高等职业教育院校积极推进既有校园道路和公共建筑的无障碍改造工作。相关院校对校园范围内、校园周边无障碍设施建设情况都开展了普查，并实施改造工作，主要包括盲道及路缘石坡道改造，建筑物出入口坡化处理、设置无障碍通道、无障碍楼梯、无障碍电梯、无障碍厕所，停车场设置无障碍停车位，在显著醒目位置设无障碍标识等。比如阶梯对人们而言，在物理与心理上是双重障碍，既构成了一种城市雕塑，又形成了供人们行进与停留的城市空间。运用"楼梯心理学"有目的地增添视觉意趣，采用坡道而非阶梯使得儿童、残疾人、推童车、购物车、轮椅等无须中断也能走完全程。"螺蛳壳里做道场"式的改造，通过细小的无障碍城市空间改造，为校园中的残疾学生、校园周边城市中有需求的人们带来全新的使用模式。

## 三、时间——想做事的时候方便吗？ 通过有效监管，保证无障碍设施的使用率

健全监管机制，保证无障碍设施完好率和使用率。在校园侧，后勤管理部门、物业协作部门、学生自治组织协同加强无障碍设施监管和协管员队伍建设。在城市侧，城管执法部门积极推广无障碍示范街建设，充分依托"城市大脑"等平台，劝导市民规范停车，对于劝阻不听的进行拖离，规范流动摊位摆放，对损害、侵占及改变无障碍设施用途的行为，及时予以制止，查处机动车占用盲道违停行为，并按规定进行处理或处罚。同时，健全多方资金保障机制，公共服务场所、社会福利机构等公益性无障碍设施建设改造按属地管理原则，由各级财政部门、功能区管委会通过加大财政投入、引入社会资本等方式做好经费保障工作；航空、港口、码头等经营性项目由建设主体自

---

[1] 盖尔.人性化的城市[M].欧阳文，徐哲文，译.北京：中国建筑工业出版社，2010：16.

筹解决。各级政府按照"谁主管谁负责,谁拥有谁维护"的无障碍设施长效管理机制,督促各产权单位加强所有产权建筑物和设施的无障碍设施的管理和维护。

### 四、方向——有你需要的信息吗? 信息无障碍环境的认同感

信息无障碍工作是数字社会、数字经济发展的必然趋势。特殊教育院校一般设置特殊教育资源中心这一教辅机构,以方便残疾学生寻求功能、资源、服务新支撑。做好对无障碍设施建设标准规范的教育培训工作,对从事无障碍设施建设的设计、施工、监理、验收人员和行政管理人员进行系统培训,使其熟练掌握《无障碍设计规范》《无障碍环境建设条例》等国家规范标准,提高执行无障碍相关标准规范的自觉性和能力。

### 五、流动——去你想去的地方了吗? 无障碍环境规划的重点与难点

无障碍环境规划建设和其使用的人数增长是一对相互促进的元素。2023 年,亚(残)运会在杭州市成功举办,按照"努力实现'办赛精彩、参赛出彩、事业添彩'"办好亚残运会的要求,特殊高等职业教育院校从整体规划出发,分步骤推进校园无障碍建设工作,使校园无障碍设施串点成线、连线成面,并不断延伸到城市侧的社区、街区。可结合校园整体无障碍设施建设与改造规划的布局,在公共体育活动区域设置生命监测仪,关心残疾学生的人身安全;"第三卫生间"①采用人体倒地自动感应救助"黑科技";加快推进文化体育中心、无障碍淋浴室、无障碍卫生间等校园公共环境的无障碍设施建设。

## 第四节 期待与改变:校园与城市无障碍环境存在的主要问题

### 一、从"谁来建"到"谁来管",无障碍环境管理存在难度

近年来,随着社会文明程度的提升,无障碍环境的规划建设进程不断推

---

① 第三卫生间:专门设置的、供行动障碍者或协助行动不能自理者使用的卫生间。

进，主要由城乡建委、公安局、民政局、老龄委、残疾人联合会等相关单位实施规划、建设、后续管理。但在具体实施过程中，各个环节牵头部门不同，导致管理多头及管理难度增大。例如，盲道是盲人出行的重要指示标志，市区主干道铺设的盲道，附近的十字路口没有盲人专用的语音提示装置；有的盲道长期被另作他用，部分商场、宾馆、公园和旅游景点的无障碍卫生间长期锁着或是堆放杂物；有的无障碍服务窗口没有工作人员；有些盲道被垃圾箱、电线杆等物体阻隔。总体而言，无障碍环境规划建设正在从"城市面子工程"向"城市通用设计"转变，但在规划、建设、后续管理过程中仍存在缺位现象。无障碍设施建设只是第一步，要让无障碍出行成为现实，还要以绣花功夫加强对相关设施的管理和维护，需要更多社会力量的体谅和支持，为无障碍环境注入更多人性关怀。

### 二、从"有没有"到"好不好"，无障碍设施存在设计缺陷

20 世纪 60 年代起，人们开始强调空间体验，重视人的精神与心理感受。丹麦建筑师扬·盖尔首次提出了"城市交往空间"的概念，从人们最为平常的生活出发，提出了许多创造充满活力且富有人情味的公共空间的有效途径。社会的包容性是联合国 2030 年可持续发展目标的一个重要维度，社区的包容性是社会包容性的重要组成部分。社区的包容性发展强调社区的每个居民起点公平、机会均等、权益共享。残疾人是社区集体的重要组成部分，残疾人的参与关系到社区的整体建设。因此，应倡导从社会模式（social model）来理解残疾，将残疾议题置入广阔的社会结构与历史生活，从而为残疾人的自我建构、校园公益项目开发、就业政策的倡导、残健融合社群主体的对话与合作等构建以"需要为本"的融合教育支持环境。通过对道路、电梯、台阶、寝室、桌椅、卫生间、操场、体育馆等多方位的相关设施设备的配置和更新，尽力消除物理环境障碍对残疾大学生的影响。针对肢残学生，根据其生活需求更新改造寝室和卫生间设施（无障碍卫生间、残疾人专用马桶、扶手等），同时为轮椅学生制作可携带踏板，方便进出教室。针对低视力学生和全盲学生，提供各类无障碍标识，包括增加低位按钮和语音提示；在卫生间安装引导标识、超大体性别标识和盲文摸识标识；校内各楼宇台阶增加黄色警示条；增加坡道引导标识、食堂增加爱心餐位等。通过环境优化和服务提供，满足残疾学生在基本生活保障、安全与归属感提升、人际能力提高等方面的需求。

特殊高等职业教育院校的校园空间和日常生活空间息息相关，也涉及残疾人的城市意向空间这一主观社会空间。何谓人性化的城市、人性化的校园？就残疾人而言，城市中应该有比简单步行更多内涵和意义的"步行活动"。步行与周围社区、新鲜空气、定时户外活动、生活的自在愉悦、体验和信息的获取等之间都存在着直接的联系。这种联系的核心在于，步行是一种人与人之间交流和沟通的特殊形式，公共空间为此提供了一种平台和框架。

### 三、从"有没有"到"足不足"，公共无障碍设施供给不足

随着旅游业的快速发展，外地游客、外国游客日益增多，其中也有部分是残疾人和老年人。一些旅游景点的无障碍设施不足，为其带来诸多不便。例如，位于浙江省杭州市旅游核心景区的延安路西湖大道口的地下过街通道公共交通设施，使用效率较高，但升降器材长期处于封装状态，使用时要自行通过器材上的联系电话通知操作人员，影响了部分残疾人的出行，也不利于国际化城市的形象打造。又如，公交车车身的站点标志和路线图字体太小、指示不清晰，弱视者和老年人难以看清楚，带来诸多不便，公共汽车没有无障碍升降设施、语音提示不完善，给残疾人出行带来不便。

### 四、从"设备时代"到"数字时代"，信息无障碍环境建设还处于起步阶段

2020 年 9 月，工业和信息化部、中国残疾人联合会联合下发《关于推进信息无障碍的指导意见》，从"设备时代"到"数字时代"，作为"网络原住民"的特殊高等职业教育院校学生，急需以下几项改进：校园信息交流无障碍公共服务平台搭建、学生办事服务大厅改造、校园公众号无障碍改造等。这就需要依托阿里云、阿里巴巴达摩院、蚂蚁金服等数字产业平台，把数字产业引入特殊高等职业教育公共服务各个领域、环节，打通供需壁垒、链接多方资源、提升服务效能，取得社会效应。以浙江特殊教育职业学院为例，学校特殊教育（手语翻译）专业联合阿里巴巴达摩院、之江实验室、手之声信息科技有限公司等国内行业领军企业，大力推进产教融合的人才培养模式改革，共建专业、共建课程、共训师资、共建平台、共育人才。专业课程体系与手之声信息科技有限公司手语译员认证体系共生共长，在教学过程中融入企业培训认证体系，学生在学校所学知识、技能与企业岗位需求无缝对接，形成产学合作协同育人机制。科学研发体系与阿里巴巴达摩院合作，将数字仿真技术与手势识

别方法应用到手语学习中，形成 AI 手语数字人系统，通过验收测试、鉴定测试，手语识别率达到 90％以上，手语合成率达到 95％以上，应用于手语教学、电视节目双语播报、亚运会新闻播报等方面，积极创建智慧化学习环境，更好地服务于信息无障碍。2023 年，与阿里巴巴达摩院合作研发 AI 手语机器人，打造具备手语识别和手语播报双重能力的 AI 手语翻译官"小莫"，为亚残会提供智能手语平台，形成了"科技赋能、共享共赢"的社会服务新模式，助力信息无障碍社会环境的构建。

## 第五节　我们需要什么样的无障碍环境：
## 后亚(残)运会时代导向下的规划

**一、强化无障碍环境规划建设的组织领导，处理好管理者和使用者的关系问题**

依据国家和省市相关文件精神，健全和完善现有无障碍设施建设协调领导小组机制，有步骤、有计划地推进无障碍设施建设工作；根据实际情况制定无障碍设施建设审批程序和规章制度，逐步将无障碍设施建设工作纳入规范化、制度化轨道。建议重点处理好管理者和市民的关系，一方面要便于政府部门的规范化管理，无障碍建设需要相关政府部门规划、建设、管理，后期维护与功能完善可以引入政府与民间组织相结合的方式；另一方面要充分发挥无障碍环境在需求人群中的作用，邀请特殊群体体验、商讨、改良不合理的设计，引入特殊群体参与机制，回答好"可得性——你能到达你想去的地方吗？""便利性——你能做你想做的事吗？""资源可供性——你的特殊要求能满足吗？""特殊支持性——你能被周围的人所接受吗？""平等性——你能与其他人一样被平等相待吗？"几个问题。同时，完善新闻发布会制度，借鉴国务院新闻办"残疾人全面小康成就和'十四五'残疾人工作主要安排发布会"经验，定期举行新闻发布会，普及无障碍环境建设与管理的推进情况。

**二、以亚(残)运会为契机，引导"无障碍设计"向"通用设计"转变**

"通用设计"的思路是指为适应尽可能多的需要而设计的产品和建筑，根据人类和环境的交互，提供可行的评估无障碍环境的基础，将原有"由特殊到一般"的思路转变为"从一般到特殊",即产品最初为普通人设计生产,通过改良增加适应系数,使其适用于潜在的用户,重点包括残疾人、老年人、儿童等弱势群体,这一思路使得通用设计的产品和建筑拥有更为广泛的适应性,通用设计的价值方案是使产品最大可能地为全民所用。后亚(残)运时代,要逐步界定无障碍环境的面向对象、划定重点区域、明确重点领域,形成无障碍环境建设的"中国标准"。

### 三、后亚(残)运会时代为导向,及时、主动融入"遗产理念"

残奥会、亚(残)运会遗产不仅是衡量世界级体育赛事举办成功与否的标志之一,也是影响主办城市残疾人事业发展的重要因素。遗产规划是一项系统工程。规划阶段,要与赛会的申办理念、举办城市的区域性发展规划、举办国的体育发展战略相适应;实施阶段,要与赛会组委会及政府相关部门协同决策,推进赛事筹备和遗产规划实施;赛后交付阶段,赛会遗产需持续实施,持续发挥作用。如2012年伦敦奥运会背景下的遗产规划内容包括:确保城市更新计划在赛事计划的初始阶段就被全部纳入;在所有既有设施和赛事计划中促进分享的权益和责任;在赛事活动更新机构和管理代表之间建立有效的组织和结构安排,确保共同工作来实现清晰的既定的共同目标;在赛事活动更新项目的全程通过分配足够的人力和资本资源来实现可持续效果;设计赛事活动更新项目,确保目标社区最弱势成员的需要和参与需求能够得到满足;确保赛事活动所产生的积极影响在目标区域之间均匀播散;确保以赛事活动为主题的社会和经济更新倡议基于并联系现有的物质和基础设施基础;确保社区代表从规划阶段就可以参与其中,从而保护社区权益和提升社区参与度①。2020年,《东京2020年残奥会遗产规划》实施经验表明,通过残奥会遗产的同步规划、同步实施和同步发展,延长残奥会遗产规划的实施时间,能够最大程度地推动残奥会对残疾人体育产业的促进作用。可借鉴《东京2020年残奥会遗产规划》《北京2022年冬奥会和冬残奥会遗产报告(2020)》编制模式,规划、创造、运用好杭州亚(残)运会的体育型遗产(残疾人运动、体育场馆、博物馆、人才队伍、办事规范和模式)辐射至经济(残疾人运动企业、科技

---

① 塔隆.世界城市规划与公共政策前沿译丛:英国城市更新[M].杨帆,译.上海:同济大学出版社.2017:322.

创建、科技成果、中小企业）、社会（健康生活、社会包容）、文化［奥林匹克精神、亚（残）运会精神］、环境（环境建设、生态治理环境）、城市发展（城市基础设施、无障碍环境、保障能力）、区域发展（长三角一体化）等超体育型遗产。在后亚（残）运会时代，及时、主动融入"遗产理念"，定期总结阶段性成果，将城市道路、交通设施、公共服务设施、居住、信息交流、无障碍标识、无障碍服务等重点领域的赛会成果转化形成现实遗产，规划杭州亚（残）运村遗产改造为无障碍"未来社区"样板，提出各个领域的无障碍设施建设改造指引、实施重点和规划指标。

**四、以亚（残）运会为载体，推进残健融合就业、社交等无障碍城市人文环境建设**

相比于无障碍设施等硬件条件的完善，无障碍城市人文环境的构建更具有"温度"。以残健融合就业为例，亚（残）运会背景下，体育新经济发展与互联网媒介的迭代，也深刻改变了残疾人的就业方式，残健融合就业已成为残疾人就业的重要形式。杭州星巴克手语门店、融爱星面馆等残健融合就业场景的探索，区别于残疾人过去隐形的、福利性的、精神性的集中就业、个体就业、"残疾人之家"定点就业方式，是可见性、互动性、职业化的。建议借鉴"支付宝城市无障碍小店地图计划"等公益行动经验，在政府给予无障碍环境规划建设资金、设施支持以外，给予城市人文环境的流量曝光扶持，通过普及无障碍商家服务工具包、手语手册、需求沟通牌、趣味桌贴等形式，营造城市中的所有个体都学会日常场景和对话的无障碍交流环境，实现残健融合就业需求和新产业、新消费、新媒体、新场景的就业环境重构，以"再组织化"的方式建立健全、精准、定制化的残健融合就业服务体系，促进城市无障碍环境的全覆盖。

**五、探索校园无障碍路线：实现特殊职业教育空间与教育实践互动**

无障碍路线包括室内、室外环境及其衔接，涵盖各种出行路线和行为需求。无障碍环境建设中的线路意识是一个渐进发展的过程。2018 年《北京无障碍系统化设计导则》在国内较早明确提出了"无障碍路线"这一概念，2020年《杭州市无障碍环境融合设计指南（试行）》加以引用，将无障碍路线定义为"根据不同的城市空间、场地条件、建筑类型和使用功能，所确定的无障碍通道闭环流线和流线所串联的重点设施布局"。这个提法，将设施纳入流线中，共同构成"路线"概念，并强调闭环，已意识到单纯从完善设备点位来完善无障碍环境的局限性。然而，"路线"一词容易与"方针政策"混淆，而定义采用的"无障碍通道"概念在《无障碍设计规范》（GB50763）的名词解释中，是一个具体设施，而不是抽象路径。无障碍路线概念在实际操作中，容易陷入"讲目标才提路线，一落实又回到设施"这个误区。2021年，浙江大学建筑设计研究院无障碍设计研究所编制的《丽水市无障碍环境融合设计导则》也采用"无障碍路线"这个提法，并重新完善定义：为保障有需要的人群出行安全和使用便利，串联各类无障碍设施，由无障碍通行流线和辅助通行设施构成的闭环流线①。

社会科学对空间的理论研究表明，在时空相统一的维度下，其研究视角和方法的历史性与研究对象的空间性正在逐步融合。以教育事实为逻辑起点的教育研究，面临现代教育实践变革所引发的诸多空间挑战。如何以空间辩证法为指导，实现特殊职业教育实践改革与教育空间的良性互动，实现教育空间构建在提升城市整体综合实力中的作用？基于空间作为公共资源的公平性，在城市的发展、更新过程中，残疾人的社会行为空间被不断压缩。有研究表明：我国残疾人居住就业空间相对集中；城市残疾人的日常生活空间较为狭窄，活动类型单调，活动内容贫乏，社会参与水平低；相比城市社会主体的健全人而言，城市残疾人的群体意向空间覆盖范围较小，涉及的内容较为简单，且形成的意象较为模糊②。近年来，"残疾人观"由医疗模式向社会模式转变，新的社会模式认为：对残疾人的排斥和隔离并非残疾本身所致，更多的是由社会排斥残疾人所造成的，就业、教育、住房、商品和服务领域应该向所有残疾人提供机会。因此，对待残疾人的态度不仅仅是个人问题，而应对整个社会和环境进行调整，以确保所有人都能够参与社会生活。校园空间，尤其是特殊职业教育院校校园空间在打造无障碍环境的过程中，形成了一种全新的联合：既考虑残疾学生群体的文化生活空间打造，又涉及融合残疾学生医疗救助、生活照护等多样性功能的校园社区空间，如校园"残疾人之家""助残志愿角"等形式（见图6-2）。同时，有助于残健学生更好地使用校园文化设施、参与文化组织的无障碍环境日益完善。

---

① 吕森华，等.重视无障碍路线 建好无障碍环境[J].浙江残联，2021(9-10)：30-31.
② 肖昕茹.上海市残疾人社会空间研究[D].上海：华东师范大学博士学位论文，2010.

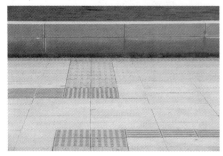

图 6-2　浙江特殊教育职业学院内的无障碍路线

# 第七章 自我发展：思想政治教育话语体系构建与引导

让残疾人过上有尊严的生活，并使他们成为现代化的建设者、贡献者，是一个国家文明进步的象征。更好的教育是人民的期盼之一，通过教育公平、改革创新、立德树人，实现人人都有"人生出彩的机会"。特殊高等职业教育院校开展面向残、健两类学生的融合教育，通过构建具有"特殊教育"特色的思想政治教育话语体系，营造了健全学生与残疾学生和谐相处、平等相处的校园氛围。在实践中，我们发现特殊高等职业教育院校中的残疾学生基于情感、身份、自我价值的特点更易于使用移动媒体平台来重构其社会支持。本章从特殊高等职业教育院校思想政治教育话语主体的转变、话语内容的认同、话语语境的耦合、话语平台的交互式体验等多维度挑战出发，剖析其形成机理及应对策略。

## 第一节 移动传播的时代背景

2016 年 12 月，习近平总书记在全国高校思想政治工作会议上强调，要"提升思想政治教育亲和力和针对性，满足学生成长发展需求和期待"①。特殊高等职业教育院校学生包括两大群体，一类是健全学生，一类是残疾学生。两者拥有各自的圈群化活动界限，相互融合程度一般。在实践中，我们发现：随着电子商务、民族传统技艺等残疾学生相关招生专业的开设，残疾学生在

---

① 办好思政课，习近平这样强调［EB/OL］.（2022-03-24）［2024-02-27］. http://www.xinhuanet.com/politics/leaders/2022-03/24/c_1128498494.htm.

课堂内外都较为青睐网络短视频、网络直播电商等移动传播途径，在抖音等平台上非常活跃，并通过这些途径获取更为广泛的社会支持。相关学者的调查发现，残疾学生参与移动网络的活跃程度与其身体机能、心理健康、学习适应性、生活质量、择业就业等呈现强相关关系。这一现状，对特殊高等职业教育院校思想政治教育话语体系建设提出了新问题：为什么残疾学生更愿意在网络平台上获得社会支持？他们的行为逻辑是什么？在移动网络时代背景下如何有针对性地开展高校思想政治教育话语体系构建？

## 第二节　残健融合社会支持的时空结构

传统的、建立在医疗模式下的"残疾人观"认为残疾人是被动的、病态的、可怜的对象。残疾人与健全人的基础教育相隔离，分为普通学校和特殊学校。近年来，随着高等融合教育理念的推广，残健隔离逐步发展到残健融合。学校通过思想引导和行为示范，构建残健融合的和谐校园氛围，以"同一个校园环境、同一类教育方式、同一种文化氛围"，实现残疾学生与健全学生共同成长。

新经济发展与互联网媒介的迭代，深刻改变了残疾学生的社会支持方式。学生通过在抖音等移动平台上设立如"看见我们的声音""紫薇无声"等账号，建立起各类非官方的思想传播平台，在平台上通过手语演绎残疾人节日、手语演绎流行思想文化、爱心带货直播、传播自身励志经历等形式，突破"在场"与"即时"的时空限制，参与到移动网络平台的整体文化交流、思想交流过程中。移动网络平台成为特殊高等职业教育院校思想政治教育话语体系构建的一个重要载体，通过这一载体，残疾学生充分开展尊重性沟通与鼓励性表达，在与网友的沟通中建立起情感纽带，打破了社会支持由"优势群体"一端流向"弱势群体"一端的传统格局，残健融合的参与机制由校园扩展到整个"网络在场"，促发了"双向互动式"的社会支持。

## 第三节　话语构建及引导过程

### 一、话语主体的转变："人格魅力"型话语主体

习近平总书记强调"办好思想政治理论课关键在教师,关键在发挥教师的积极性、主动性、创造性"①。特殊高等职业教育院校学生获得的外部支持对于学生的学习可持续性发展具有重要的促进作用。移动传播时代,思想政治教育话语的主体——教师,需要在课堂、校园文化活动等"场域",在教师课堂能力提升、教师信息技术能力提升等"方面"实现转变,通过移动网络平台获得正向的社会支持,而不仅仅是停留在情绪发泄等较为初级的作用层面,引导学生树立起残健融合的人生观、价值观、社会观。以电子商务课程为例,教师在传授手语直播带货等相关专业技能的同时,更应擅长将"互联网＋"、数字经济、爱心助残等文化自信融会贯通于课堂中,将互联网中"芭芭农场"的"优质生鲜水果供应链资源→消费者黏性日常互动方式→品尝高品质农产品→助力残疾农民带货"等鲜活案例融会贯通于课堂中。话语主体本身应该具有感同身受的体会,要在话语的表达方式上开展创新,走进残疾学生,穿透到残疾学生的日常生活中,参与他们所参与的网络互动,才能"接地气""解问题",增强话语说服力与认同感。

### 二、话语内容的认同："内容为王"的科学供给

思想政治教育者要坚持用习近平新时代中国特色社会主义思想铸魂育人,尤其是针对特殊高等职业教育院校学生,通过移动平台上的优质传播内容,增强思想政治教育话语内容的特色与质量。以抖音平台上的"紫薇无声"为例,这是一个由杭州大音希声文化传媒有限公司联合特殊高等职业教育院校在校学生打造的账号,主要以一位听障学生为演绎主体,内容结合大学生在校生活,如军训周、运动会周、考试周、七一节、教师节等节点演绎流行文化。在庆祝建党100周年期间,以红色校园为拍摄背景,推出《我和我的祖国》

---

① 习近平:用新时代中国特色社会主义思想铸魂育人 贯彻党的教育方针落实立德树人根本任务[N].人民日报,2019-03-19(1).

《万疆》等红色手语歌曲演绎;学生开学期间,推出《年少有为》等励志型手语歌曲演绎;在校运动会期间,以杭州亚运会大莲花体育场馆为拍摄背景,推出《奔》等运动手语歌曲演绎。在日常的思想政治课堂上,向学生传授理论知识相对较多,但通过思想政治课程、系部党建平台联合校企合作单位,推出的"紫薇无声"抖音账号这一类符合残疾学生心理和生理实际的思想政治话语内容更为生动,在学生群体中更容易引起较大的共鸣。将马克思列宁主义、毛泽东思想、邓小平理论、"三个代表"重要思想、科学发展观、习近平新时代中国特色社会主义思想演绎成为残疾学生日常关注的流行文化热点,是思想政治教育话语内容的成功转变,通过这一转变,在听障、视障、肢残等校园学生圈群、网络圈群中更易引起对话语的认同。

**三、话语语境的耦合:与"残健融合"的语境相耦合**

语境是承载话语行为的综合体,辅助话语内容的理解和目标的实现。传统的思想政治教育话语传播中常常忽视语境与话语之间的耦合关系。现阶段的互联网是扩大残疾学生与健全学生获得社会支持差距的潜在风险,但互联网又通过扩大残疾学生的社交圈、替代教育资本、消除生理差异等形式促进残疾学生获得更多的社会支持,因此特殊高等职业教育院校思想政治教育话语体系构建要与残疾学生的知识结构、生理特点、专业素养、兴趣爱好、成长经历等相吻合,积极引导学生养成科学、准确、有效的话语言说方式。以特殊高等职业教育院校新生始业教育为例,邀请的始业教育嘉宾与学生息息相关,陈济杨(听障)是学校2020级电商专业优秀毕业生,从事聋人主播电商行业,拥有"CJY国潮"淘宝工作室,2020年店铺整体营业额突破200万元;陈巍(听障)是学校2004级优秀毕业生,现为浙江美术家协会会员,杭州市美术家协会会员,为学生主讲"新时代的听障大学生应具备的基本素质";宋红刚(听障)是学校2000级装饰设计专业优秀毕业生,拥有宋洪刚铜雕工作室,担任金石铜集团设计师,为学生主讲"我的创业之路"。这些残疾学生的优秀校友通过自身的学习、就业、创业经历,引导学生将残疾人劳动激励机制从"单纯的养活自己"转变为"可持续发展的职业前景",工作空间从"隔离就业"转变为"融合就业",工作形态从"低端、粗放"转变为"精神性、人物设定、激活消费者体验"等方式,消除传统的"教""学"双方在思想政治教育话语及其语境之间的隔阂,助力思想政治教育话语"入耳、入脑、入心"。

### 四、话语平台的交互式体验:移动传播时代的集中呈现

网络平台打破了线下课堂中思想政治教育教学所需要的"在场"与"即时"的时空限制,使得个体无论何时何地都能产生表达诉求,打破了课堂中"你说、我听"这一自上而下、言说单一的教学方式,通过直播、带货等形式产生交互式体验。残疾学生的社会支持主要包括家庭、校园、社区等方面,在校期间,以思想政治教育话语为核心的体系建设为学生构建社会支持提供有力支撑。以残疾学生电商直播为例,学生在"带货"过程中不仅仅获得精神上的有力支持,同时也通过线上销售等形式获得互惠性的经济酬赏、直播打赏、线上销售、爱心捐赠等,实现残疾学生的经济资本向认同资本转化,增强学生的自我价值感。在移动传播平台的现代媒介场域中,思想政治教育者的话语权威受到了挑战,要求思想政治教育者参与到学生的移动传播校园生活中去,积极地影响学生的圈群化组织形态,借助互联网工具与学生开展交互式沟通。

## 第四节　短期化与组织再造

### 一、离场:移动网络传播的短期化

移动传播时代,网络世界的复杂性、流动性与虚拟性使得平台上的社会支持存在着链条脆弱易断裂、动机善恶难辨、生态非可持续等弱点,学生在虚拟平台上遭受网络诈骗等现象时有发生。移动传播时代的红利,在短期内会转化为有效的社会支持和电商订单等物质类支持,但"退潮"后,特殊高等职业教育院校思想政治教育话语体系场景如何实现可持续发展值得思考。

### 二、返场:培育基于情感、身份、自我价值特点的特殊高等职业教育院校思想政治教育话语体系

特殊高等职业教育院校思想政治教育话语体系构建要密切关注不断更新的传播形式,传统的传播形式与移动传播形式将如何相互作用,以及这些作用对残疾学生、健全学生的思想政治教育、社会心态、创业就业规划造成怎样深刻的影响。基于残健融合思想政治教育话语体系构建的需求和新媒体、新场景的环境重构,创新话语体系的主体、内容、语境、平台的供给,以"再组

织化"的方式建立起健全化、精准化、定制化的特殊高等职业教育院校思想政治教育话语体系。

话语主体方面,以浙江特殊教育职业学院为例,在逐步建成一支社会适应教学、新业态技能提升、创新创业助力型思想政治教育教学团队的同时,打造"百位名家助力特殊教育"公益活动品牌,引入教育名家、名医生、企业家、体育明星、知名"非遗"传人、残疾人校友代表等作为"爱心导师",建立线上"大师工作室",增强"公益慈善助残"文化传播辐射力,形成"普(普通)特(特殊)融合"的话语主体。话语内容方面,将深入讲解和阐释好习近平新时代中国特色社会主义思想,深刻领会这一重大思想的核心要义和创新观点与残疾人事业高质量发展相结合,通过引入残奥会冠军背后的故事、支付宝"蓝风铃无障碍小店计划"等学生喜闻乐见的、主流思潮的思想政治教育内容,营造"支持残疾人事业高质量发展、助力残疾人共同富裕"同频共振的校园文化氛围。话语语境方面,积极创设融合的育人环境,探索残健学生共同学习、共同分享、共同创造、共同促进的共赢模式,鼓励学生将线上的网络社交圈,通过残健融合校园建设转变为线下圈群社交。解决思想政治教育话语体系环境与社会场景适应脱节问题,推动残疾学生通过"特教为主—普特融合—社会融合"的人才培养,形成"掌握生存技能—获得高层次技能就业—实现出彩人生"的不断递进。话语平台方面,在非官方移动传播平台以外,主动创设官方账号,点赞自媒体、学习自媒体,与自媒体协同发挥正面的引导作用。同时,建立无障碍思想政治教育资源库、收集残疾学生专业和社会服务信息等,为学生提供移动平台之外的更多线下平台和特殊资源支持。

**三、构建与特殊高等职业教育特点相适应的党建工作体系:以浙江特殊教育职业学院为例**

党的建设是教育事业发展的关键。新时代背景下,特殊高等职业教育承担着促进残疾人共同富裕、助推残疾人事业高质量发展的特殊使命,必须把握"残健融合 协同共培"的育人特点,从方向、内容、方法、过程、发展五大维度构建与特殊高等职业教育特点相适应的党建工作体系,提升工作的针对性和有效性。

方向上,坚持以习近平新时代中国特色社会主义思想为指导,打造"残健融合 协同共培"的党建工作品牌。"知者行之始,行者知之成。"方向是本,本正则行立。特殊高等职业教育以立德树人根本任务为价值导向，牢固树立服务残疾人和残疾人事业发展的高等职业教育办学宗旨。充分发挥党建引领示范作用，全面落实党委领导下的校长负责制，着力增强基层党组织的政治功能，持续推进"百位名家助力特殊教育"党建活动，积极创建新时代全国高校党建工作样板支部。

内容上，用好"红色根脉"的深厚底蕴，依据残疾学生身心特点实现分层分类内容供给。与特殊高等职业教育特点相适应的党建工作体系内容应符合党建目标的内在逻辑、回应立德树人根本任务的基本特征、在工作机制层面具有协同性和可持续性、在工作对象层面具有针对性，结合残疾学生的身心特点和专业特长，分层分类供给内容。例如组织大一新生线上线下"同上红船边的一堂思政课"，组织听障生开展"重走长征路"书画创作、手语讲党史活动，组织视障生开展"无障碍学党史——红色观影""百年芳华献给党——闻香学党史"活动，组织肢残生开展"听党话、跟党走"宣誓活动，不断丰富信仰教育、感恩教育、自强教育、工匠精神等内容供给。通过手语"唱响"《没有共产党就没有新中国》、大型公益快闪《同一首歌》等形式，致敬百年风华，赓续红色血脉，传承红色基因。

方法上，推进治理体系和治理能力现代化，以数字化改革的思维、技术、方法提升特殊高等职业教育党建工作管理效能。引领了网络，就引领了青年。特殊高等职业教育的党建方法要从传统型向现代化转变，从粗放式向精细化转变，从单一型路径向多元化道路转变。通过搭建特殊教育云、听障学生智能本地转写 AI 词库引擎等无障碍环境，适度收集新生入学心理健康测试、新生入学体能测试、日常心理咨询、学业情况、到课率、图书借阅、志愿服务、体育锻炼等大数据信息，全面把握残疾学生的思想行为。依据残疾学生障碍程度、生理心理特征的个体"精准画像"，调整相应的课堂教学方式、意识形态引导方式，解决能力不可达、信息不对称、情况不全面、预警不及时等问题，打好面向残疾学生的意识形态工作"主动仗"，提升党建管理效能。

过程上，构建"大思政"工作格局，打造"全生命周期"的特殊高等职业教育党建工作体系。"谋定而后动，知止而有得。"先谋略全局，才能环环相扣。进一步扩大特殊高等职业教育党建工作的广度和深度，要积极推进习近平新时代中国特色社会主义思想进课堂、进教材、进头脑，打造面向残疾学生的"全生命周期"党建工作体系。全面把控党建计划制定的完备度、组织实施的完整度、总结反馈与调适的完成度，落实主体责任，做到"纵向到底 横向到边"。积极整合省级党建助残基地、残疾学生创新创业平台、企业党群服务中心、"残疾人之家"等校内校外党建资源，融通精品在线课程、基于SPOC（小规模限制性在线课程）的思政课"翻转课堂"等线上线下党建资源，构建更为宏观、更为开放的特殊高等职业教育场景。积极稳妥推进特殊高等职业教育综合改革，发挥特殊高等职业教育党建工作在促进残疾人共同富裕建设中的基础性、引领性、全局性作用。

发展上，实施党建引领迭代升级，以"党建＋"模式推动特殊高等职业教育事业整体跃升。一是探索"党建＋职教集团"模式，与各地市特殊教育学校、康复中心、残疾人协会、残疾人集中就业企业等联合，以党团共建为合作基础，打造集人才培养、教育教学、就业指导、产品研发于一体的特殊高等职业教育集团。二是探索"党建＋培训"模式，面向社会承担残疾人职业技能培训、残联系统干部培训、社会委托培训、职业技能鉴定，通过建立培训班临时党支部等形式，进一步提升培训质量，扩大特殊高等职业教育公共服务供给，实现职业培训与学历教育协调发展。三是探索"党建＋特殊教育资源支持"模式，开展红色经典书籍盲文转译、无障碍红色电影转译、无障碍党建系统开发、无障碍职业体验场景开发等具有特殊高等职业教育党建特色的功能、资源、服务支撑，为区域范围内需要支持的特殊教育学校提供党建资源服务。

# 第八章 职业探索:"残疾人之家"专业化发展的有效途径

"残疾人之家"规范化建设,是城乡基本公共服务建设规划与乡村振兴战略实施计划的重要一环。随着"残疾人之家"星级提升改造和无障碍环境建设的深入推进,通过党建引领,强化基层党建赋能、社会组织赋能、企业团建赋能、庇护政策赋能、数字平台赋能、乡村振兴赋能、退税政策赋能、专业机构赋能等有效手段,我国各地涌现出了一大批建设高标准、管理高水平、服务高品质的"残疾人之家"。本章以特殊高等职业教育院校人才培养赋能"残疾人之家"专业化发展,通过对"残疾人之家"专业化的人才培养,一方面破解机构活力不足、服务内容单一的瓶颈,另一方面为特殊高等职业教育院校学生职业发展提供有益借鉴。

## 第一节 我国残疾人管理与服务机构的发展历程

### 一、残疾人管理与服务机构的内涵

"残疾人之家"从广义上来说,是为残疾人提供针对性服务的机构的总称,在国内外的相关研究文献中均有所体现,如法国各个地区都普遍建立由国家公务员、地方公务员及相关医疗、心理、教师等领域的专家共同组成的为残疾人提供综合性服务的组织——"残疾人之家"(MDPH)。在国内,本地的各种残疾人服务机构被称为"残疾人之家",其所提供的残疾人服务一般包含以下几方面:一是残疾人服务本身具备层次性,包括提供满足残疾人生存性需求、高层次发展性需求的服务。二是残疾人服务的供给方是政府和社会,包括政府部门、企业机构、社区和民间组织在内的各界力量共同作用。所涉及的社会福利服务是以非现金形式给付的，比如以非现金形式所提供的医疗、康复、教育、培训、咨询、生活照料以及文化娱乐等服务，不同于以现金或者实物为给付形式的社会保障与社会救助。三是残疾人服务还包含着较高层次的政策设计和制度安排，这些是保障残疾人服务连续性发展、可持续性供给和常态化机制建设的必要条件。

## 二、我国残疾人管理与服务机构的发展历程

2006 年 4 月 1 日，经国务院批准，我国进行了第二次全国残疾人抽样调查。第二次全国残疾人抽样调查表明（以下简称"二抽数据"），城镇就业年龄段的智力、精神和其他重度残疾人就业率仅为 29.3%。同时，与第一次残疾人抽样调查的数据相比，第二次残疾人抽样调查时，此三类残疾人数量大幅上升，精神残疾人的数量由 194 万人增至 614 万人，智力残疾人数量达到 554 万人，其他残疾类别的重度残疾人达到 2088.6 万人，占残疾人总数的 25.18%。由于不符合进入托养机构和养老机构的条件，又长期处于失业状态，社会支持资源和社会保障严重不足，残疾人只能由家庭负责照料护理，在抚养或赡养、长期照护、治疗与康复、精神压力等方面给家庭带来沉重压力和负担。残疾人家属要求政府和社会帮助解决其生活照料和养护托管问题的呼声越来越高。社会特别是基层组织认为，对智力、精神和重度残疾人而言，照料和护理需求同温饱需求一样是他们最基本的生活需求，需要政府承担责任。由于对智力、精神和重度残疾人的照料护理工作是一项长期服务，需要有力的经济支撑，2007 年之前只在上海、广州等经济特别发达的城市做过尝试，主要做法是政府拨出专项资金建立机构，把有迫切需求的智力、精神和重度残疾人进行集中托管养护，解决残疾人家庭养护的重压。

第一，我国残疾人服务机构的起步阶段。2007 年，《残疾人就业条例》及相关配套税收优惠措施出台，残疾人就业法规政策体系臻于完善，残疾人就业保障金征收管理也趋于规范，但仍有一部分企业宁愿缴纳保障金也不愿意雇用残疾人，全国残疾人就业保障金的总量不断增长，违背了就业保障金的征收初衷。因此需要为残疾人提供更丰富、更专业的社会融合及就业服务，不断提升残疾人就业能力。在劳动福利型就业理念指导下，中国残联开展了多次国际国内的调研和研讨，重点关注就业年龄段智力、精神和重度残疾人

的社会融合及就业问题。调研发现,港台地区智力残疾人和精神残疾人的辅助性就业和支持性就业的做法值得借鉴,既可以通过综合性、融入式的训练来支持成年智力、精神残疾人恢复一定的生活自理能力,帮助他们在半封闭的工厂环境中参加一些简单的生产劳动并获取报酬,也可以协助家庭进行日间或全托照护,帮助残疾人和家庭回归一般的社会生活。因此当时的设想是在残疾人就业的大框架下,托养服务应是以推动智力、精神和重度残疾人开展辅助性就业为核心的综合性公益性社会服务。2007年10月,时任中共中央总书记的胡锦涛同志在参加特奥会开幕式期间,视察了上海市残疾人"阳光之家",对社区照顾智力残疾人的工作模式表示肯定,进一步推动了包括智力残疾人在内的残疾人事业发展,鼓励更多残疾人走出家门、融入社会。上海"阳光之家"的社区照料经验对我国残疾人服务产生了很大影响,社区日间照料写入2008年国务院颁布的《中共中央 国务院关于促进残疾人事业发展的意见》(中发〔2008〕7号)。残疾人服务机构开始步入快速发展阶段。

第二,残疾人服务机构的全面发展阶段。根据2008年《中共中央 国务院关于促进残疾人事业发展的意见》(中发〔2008〕7号)文件精神,残疾人服务机构依托社区,开展为重度残疾人、智力残疾人、精神残疾人等提供生活照料、康复养护、技能培训等的公益性综合性服务项目,推广"阳光之家"经验。至此,我国残疾人服务机构的模式逐渐清晰:服务的对象以重度残疾人、智力残疾人、精神残疾人为主,服务类型以寄宿制托养服务机构为骨干、日间照料服务为主体、居家安养服务为基础,服务的内容以生活照料、职业康复、辅助性就业等为主,兼顾文体活动、社区活动、志愿活动等社会融入功能。

第三,残疾人服务机构的创新发展阶段。经过十余年的发展,我国的残疾人服务基本确立了党委领导、政府主导、部门协作、社会参与、残联组织发挥重要推动作用的工作机制,建立了以家庭为基础、社区为依托、机构为支撑的残疾人托养服务体系,在全国各地积累了一些典型案例,普遍有了很好的基础。2019年,中国残联、民政部、国家市场监督管理总局、中国标准化研究院等部门发布《就业年龄段智力、精神及重度肢体残疾人托养服务规范》(GB/T 37516—2019)。《2021年残疾人事业发展统计公报》指出:"加强残疾人康复机构与人才队伍建设,深化社区康复工作"。中国残联会同民政部、卫生健康委制定印发《残疾儿童康复救助定点服务机构协议管理实施办法(试行)》,要求开展残疾人康复机构规范化建设评估,实施全国残联系统康复专业技术人员规范化培训。截至 2022 年底,全国有残疾人康复机构 11661 个。康复机构在岗人员达 32.8 万人,其中,管理人员 3.4 万人,业务人员 23.9 万人,其他人员 5.5 万人①。管理服务人员是残疾人托养机构不断发展和提升品质的人力资源保障,也为特殊高等职业教育院校人才培养、专业设置提供了方向之一。

以浙江省为例,2019 年,全省进行了残疾人服务工作新的探索和尝试,创设了"残疾人之家"的服务模式。从机构归属看,其仍然属于残疾人服务机构,但是为劳动年龄段的智力、精神和其他重度残疾人提供生活照料、康复服务、技能培训、文体服务和辅助性就业等服务的功能定位,区别于寄宿制的托养服务机构,也区别于依托社区的社区照料模式,它采取日间照料的形式,以辅助性就业的功能为主,突出了残疾人服务机构中残疾人最终融入社会,回归社会的价值功能和价值取向,形成了"残疾人之家"这一残疾人服务机构的新模式,在残疾人兜底保障、就业增收、托养和照护服务、公共服务、权益保障、智能化服务、社会化助残动员、区域帮扶合作等方面实现了改革创新。2019 年至 2023 年,"加强助残服务能力建设,建设规范化乡镇、社区残疾人庇护中心,为重度残疾人提供庇护服务"连续五年列入浙江省十方面民生实事之一,浙江省残疾人联合会连续出台《高质量推进省政府民生实事星级"残疾人之家"提升改造项目的通知》《浙江省"残疾人之家"星级评定办法(试行)》《关于推进"残疾人之家"规范化建设的意见》等文件推动残疾人之家的规范化建设,其中对"残疾人之家"的专业的管理服务团队提出明确要求:岗位设置合理,专职管理服务人员与残疾人比例不低于 1∶10,并聘有专(兼)职医护人员和社工。机构负责人、管理服务人员经过专业培训,熟悉残疾人相关法规和专业服务知识。

根据《浙江省残疾人事业发展"十四五"规划》要求,"打造浙江残疾人之家品牌、打造特殊教育品牌"是两项重点任务。如何将"残疾人之家"的专业管理服务团队培养与特殊高等职业教育院校人才培养相结合,如通过设立社会管理与服务专业("残疾人之家"定向班)等形式,推动"残疾人之家"的有序化、规范化发展成为一道新课题。

---

① 2022 年残疾人事业发展统计公报[EB/OL].(2023-04-06)[2024-02-21].https://www.cdpf.org.cn/zwgk/zccx/tjgb/4d0dbde4ece7414f95e5dfa 4873f3cb9.htm? eqid = d525101e0002e40f00000002646b1988.

## 第二节　“残疾人之家”管理服务队伍运行现状、问题、归因

### 一、工作伦理

残疾人社会工作，是残疾人社会福利事业的有机组成部分，在构建残疾人社会保障体系和残疾人社会服务体系进程中，残疾人社会工作是其内在核心内容之一。国家《社会工作专业人才队伍建设中长期规划（2011～2020年）》（中组发〔2012〕7号）明确指出：“适应公共服务和社会管理转型需要，满足人民群众日益增长的个性化、专业化社会服务需求，以培养开发社区建设、社会救助、老年人服务、残疾人服务、青少年服务、妇女儿童服务、职工服务、流动人口服务、婚姻家庭服务、教育辅导、卫生服务、矫治帮扶、群众文化等领域的基层社会工作服务人才为重点……创新社会服务与管理方式，扩大社会工作服务供给，满足人民群众日益增长的服务需求，通过政府购买服务支持，整合现有资源或新建等方式逐步建立50个国家级民办社会工作服务机构孵化基地，重点扶持和发展为老年人、妇女、儿童、青少年、残疾人、失业人员、低保对象、扶贫对象、受灾群众、进城务工人员、药物滥用人员、艾滋病患者等特殊群体提供服务的民办社会工作服务机构。”[①]近年来，各地也根据地方实际，出台了相关行动计划、法规政策，如北京市出台《首都社会工作专业人才队伍建设行动计划（2023—2025年）》（京社委社工发〔2023〕107号）、上海市出台《上海市社会工作人才队伍建设“十四五”规划》（沪民社工发〔2022〕1号）、安徽省出台《关于加强新时代社会工作专业人才队伍建设的实施意见》（皖民慈社函〔2023〕18号）等，但从残疾人社会工作服务层面而言，还存在着区域发展不平衡、服务供给无法满足残疾人日益增长的需求、服务专业化程度不足等问题。随着我国社会工作事业的深入推进，中国残疾人社会工作发展也将迎来新的机遇和挑战。本书所使用的“社会工作”一词，指受过社会工作专业教育训练的人，以专业理念为指导，运用社会工作专业知识和方法针对困难人

---

① 社会工作专业人才队伍建设中长期规划（2011—2020年）[EB/OL].（2012-04-01）[2024-02-27]. https://ycpx. bcsa. edu. cn/h/jpbk/sgrc/zcwj/2020-11-05/1373. html.

群开展服务;"社工"一词为社会工作或社会工作从业者的简称。

残疾人社会工作不同于一般的残疾人服务,专指社会工作者秉承利他主义的宗旨,运用社会工作的专业知识和方法,帮助残疾人进行能力建设并克服自身缺陷的局限性,构建社会性支持系统并克服各种环境障碍,使残疾人能够全面融入社会生活,并提升人类社会整体生活质量的活动。残疾人社会工作的领域涉及面广,残疾人医疗、康复、就业、教育、文化、体育、维权、社会救助、辅助用品等方面都需要社会工作的专业服务,是对残疾人的"全人和全程"的人性化和柔性化服务。

价值观在社会工作中扮演着重要的角色,是社会工作行动的依据和出发点,也是社会工作区别于其他助人工作的关键。社会工作价值观充分体现出人道主义对人与社会环境的看法和诉求。在人的方面,社会工作价值观涉及价值与尊严、权利、潜能、独特性以及责任等方面;在社会方面,社会工作价值观涉及公平与正义、对人的责任、满足人的需求等。"残疾人之家"以残疾人为工作对象,其社会工作价值观应该首先满足社会工作基本价值观,同时从残疾人的特点和生存状态出发进行规定。具体应包括以下内容:残疾人方面,每一个残疾人,无论身患何种残疾,均具有与生俱来的价值与尊严。有尊严的生活是残疾人生命意义的核心。追求自我实现是每一个残疾人的愿望。残疾人渴望最大程度地平等参与社会生活,以实现自身价值。残疾人不应因生理上的缺陷而丧失尊严。每一个残疾人都有能力追求和创造更美好的生活。每一个残疾人都有人类共同的需求,也有其独特的需求与偏好,同时还具有与其身体状况相匹配的需求。社会环境方面,社会应该提供机会给每一个残疾人,使他们能够充分发挥潜能,改善生存条件,为社会作贡献。社会应该提供适合残疾人需要的资源与服务,以满足他们健康、学习、工作、生活等各方面的需要。由于身有残疾,残疾人要想成功,需要比健全人付出更加艰辛的努力。社会及大众应给予残疾人以尊重、关爱和鼓励,优先为他们提供资源及创造发展条件。

"残疾人之家"服务中的社会工作作为社会工作的实务领域之一,与其他实务领域共同遵守社会工作专业伦理,并在"残疾人之家"服务中具体运用、实施。

(一)尊重和保障残疾人的权益

所谓残疾人权益,是指残疾人根据宪法和法律应当享有的各种权益。我国宪法第三十三条第三款规定："任何公民享有宪法和法律规定的权利。"因此残疾人作为社会公民，依法享有公民的一切权益，任何组织和个人都不得限制、干涉或者剥夺残疾人依法享有的权利。这些权利包括：政治权、人身自由权、宗教信仰自由权、社会经济权、财产权、继承权、知识产权、住房权、文化教育权等。残疾人作为社会的特殊群体，根据其自身特点和需要，还享有宪法和法律规定的特殊权益，如从国家获得物质帮助权利、享受社会发展成果的权利、参与社会发展的权利等。作为"残疾人之家"的社会工作者，其工作应在法律的框架下，以尊重和保障残疾人权益为前提，将残疾人视为社会不可缺少的成员，除因残疾带来的不便以外，他们和健全人一样，有参与社会发展的愿望，有为国家发展作贡献的理想。

（二）保守秘密，尊重残疾人的个人隐私权

残疾人作为专业社会工作服务的使用者同普通服务对象一样，个人隐私权受到保护，社会工作者应为他们保守秘密。如果没有保密原则的保证，服务对象对自身的社会形象甚至与他人的关系都会缺少安全感，从而不能放开自己，诉说自己的困难和想法等。作为残疾人社会工作者，认识到这一点非常重要。

（三）尊重其他为残疾人提供服务的专业及人员

社会工作是一项专业的助人工作，但并非唯一。社会工作与其他助人工作相区别的根本在于其独特的专业价值观。在面对残疾人的工作中，社会工作者在其自身价值观的指导和支配下为残疾人提供服务。但作为残疾人，其自身需求是多样化的，满足其各方面的需求单靠社会工作是远远不够的；消除残疾人参与社会发展的障碍更是一个多专业相互配合的工作。任何一个专业都有其区别于其他专业的价值理念，都从不同角度提供给残疾人需要的服务。因此，社会工作要尊重每一个为残疾人提供服务的专业及人员，如特殊教育和医疗卫生专业人员。

（四）为残疾人提供适合其需要的、满意的服务

残疾人是社会工作众多服务对象中普通的一类群体，他们与社会普通大众一样，有着人类共同的生存、成长和发展所需要的资源、环境，有着共同的心理需要。社会工作者需要运用自己的专业知识与技能，为他们提供良好的服务，以满足他们相应的需要。同时，残疾人又是社会工作服务对象中特殊

的一类，与社会普通大众有着一定的差别，即身体或心理上存在着某一方面或几方面障碍，使得其参与社会生活时有一定的不便。因而，其存在着一些区别于普通社会大众的特殊的需要。社会工作者对此同样承担着帮助的责任，通过自身专业工作的努力，通过与相关领域的配合，协助残疾人克服躯体和心理障碍，正常地参与社会生活，为社会发展作出贡献。

（五）不断提高工作水平，提升自身的专业能力

社会工作者在"残疾人之家"服务中，自身的专业能力包括社会工作专业的基本价值观、专业理论、专业方法和技巧等社会工作基本知识，其中价值理念包括涉及残疾人生理、心理和社会生活等方方面面的基本知识。此外，残疾人工作是一项涉及众多领域、多个专业的工作，不同领域、不同专业之间都需要相互配合与协调。在服务实践中，社工应该在努力了解相关领域和专业的基本知识的情况下，主动扮演协调者、支持者的角色，使残疾人及其家庭在最大限度上获益。

## 二、运行现状与归因

从人才需求角度看，自 2009 年起中国残联发起"阳光家园"建设，并在脱贫攻坚过程中着力推进就业年龄段智力、精神和重度肢体残疾人的托养服务，减轻了部分重度残疾人家庭的照料负担，但是其覆盖面较小、供需缺口较大，大量重度残疾人照护难的问题尚未解决。《中华人民共和国"十四五"经济社会发展总体规划和 2035 年远景目标纲要》特别提出了"做好重度残疾人托养照护服务工作"的要求。中国残联正在推动出台关于重度残疾人托养照护的指导意见，研究完善残疾人托养照护服务的政策措施。截至 2022 年底，全国开展残疾人托养服务的各级各类机构达 8906 个，其中寄宿制服务机构1763 个，日间照料机构 4135 个，综合性服务机构 1362 个。15.5 万残疾人通过寄宿制和日间照料服务机构接受托养服务，47.2 万残疾人接受居家服务[①]。2019 年中国残联、民政部、国家市场监督管理总局、中国标准化研究院等部门发布的《就业年龄段智力、精神及重度肢体残疾人托养服务规范》(GB/

---

① 2022 年残疾人事业发展统计公报[EB/OL].(2023-04-06)[2024-02-27]. https://www. cdpf. org. cn/zwgk/zccx/tjgb/4d0dbde4ece7414f95e 5dfa4873f3cb9. htm? eqid = d525101e0002e40f00000002646b1988.

T 37516—2019)对残疾人托养服务的岗位设置、人员配置均作了详细要求:岗位设置方面,残疾人托养服务机构应根据服务对象和内容,按专、兼职结合原则设置岗位与配备人员,其中专职管理人员配备应不低于1名;专业技术岗应根据寄宿制或日间照料的托养服务需求,配备专兼职的医师、康复治疗师或者护士、财务人员,以及社会工作者、心理辅导人员、就业服务指导人员等,有精神残疾托养服务对象的残疾人托养服务机构应有专职或签约的精神卫生医疗工作人员;可招募一定数量的志愿者。人员配置方面,管理人员要求具有管理工作、社会工作、社会福利、康复医疗等相关学历或经历,每年参加1次以上的残疾人托养服务管理的相关培训;专业技术人员应持有与其岗位相适应的有效职业资格证书、职业水平能力证明或接受过相应专业技能培训,具有从事残疾人工作的职业素养;定期(每年)参加相关专业规范要求的业务学习或专业培训。与新冠疫情时期相比,我国残疾人托养服务机构数量有一定下降。后疫情时代,我国残疾人社会保障事业发展趋势整体向好。

从队伍运行角度看,现有管理服务队伍专业化水平较低,且职业缺乏吸引力,存在"招不到人""留不住人"现象。"残疾人之家"管理服务队伍目前以下岗工人、转业人员、社区干部、志愿者为主,被亲切地称为"居大妈"。管理服务团队缺少专业背景、专业职称,多以短期培训上岗为主,侧重生活照护等浅层次的操作实践,对残疾人心理、文化、社会适应能力等方面的深层次服务较少关注。同时,因职业收入偏低、社会地位偏低等客观原因,导致岗位"招不到人""留不住人",每年有较大的人员流动性、需求量。

从人才培养角度看,特殊职业教育院校存在专业与产业匹配度不高、服务地方经济社会发展的能力不足现象。特殊职业教育院校在本轮职业教育类型化的浪潮中,特殊教育等"高水平"专业群存在明显的就业"剪刀差",即学生入学分数线较高、专业基础知识水平较高,但实际就业率相对较低。且"一次就业"后,流动性较大。这说明特殊职业教育院校专业布局有待优化,与服务残疾人事业、服务地方经济社会发展的需求尚有差距,校企合作、产教融合有待进一步提升。

## 第三节 社会管理与服务专业（"残疾人之家" 定向班）的探索与实践

### 一、探索设立社会管理与服务专业（"残疾人之家"定向班）

本书提出如下建议：设立社会管理与服务专业（"残疾人之家"定向班），使其成为基层"残疾人之家"人才培养的主渠道。国家"十四五"规划对"建设高质量教育体系"作出整体谋划，明确要求"加大人力资本投入，增强职业技术教育适应性，深化职普融通、产教融合、校企合作，探索中国特色学徒制，大力培养技术技能人才"。特殊高等职业教育院校设立社会管理与服务专业（"残疾人之家"定向班），以适应共同富裕的重大决策部署、适应"残疾人之家"社区管理类新业态发展需要、适应特殊高等职业教育院校面向残疾人服务的相关"高水平"专业群发展需要、适应职业教育类型特征。远期，"定向班"还可拓展至中高职一体制、专升本、"中（中职）高（高职）本（专升本）硕（专业硕士）一体化"培养模式，促进"残疾人之家"管理服务队伍结构更加合理，且具有一定的梯队。

通过定向招生、灵活学制、灵活培养方式，实现定向委托培养。建议：借鉴高职扩招经验，经省域招生主管部门批准，面向具有高中毕业及同等学力以上的人员（包括退役军人、下岗失业人员、农民工、高素质农民、企业员工、基层农技人员及非本省户籍在浙务工人员等）安排高职招生计划，以省域为单位，摸排"残疾人之家"现有的服务管理人员规模，按比例分配招生计划。通过专业综合测评择优录取，定向委托培养。学制一般为三年，最长可延至五年。培养方式采取多元模式，线上学习与线下学习相结合、集中教学和分散教学相结合，保证课程教学过程不降低要求、技能水平操作不降低标准、素养品质评判不降低基点。

通过"残疾人之家"与院校互建实践基地，确立校政合作人才培养框架。建议：一是由高职院校在各地市"残疾人之家"建立实践基地，开展全真场景课堂教学、全真跟岗顶岗实训实习。通过"1.5＋1.5"或"2＋1"的培养方式，结合社会管理与服务专业自身特点，根据各地市管理服务体系、需求、层次及服务对象的多样性,开展具有区域特色的定向班培养,实现"教学场景即为工作场景、学生即为员工、教师即专家、教学内容即工作任务、教学成果即工作考核"。二是各地市"残疾人之家"在高职院校建立培训基地,组织定期的非学历培训。充分融通"定向班"学历教育的师资、课程、资源优势,建立"残疾人之家"管理服务人员定期培训制度,纳入城乡就业培训体系,提高已有机构管理服务团队的专业化水平,实现机构人员100%接受岗位培训。

协同发改、民政、财政、卫健、人社、税务、编办等部门,落实相关扶持政策。建议:一是探索定向班学生事业编制,培养对象明确为"残疾人之家"服务管理人员,毕业后均需定向服务基层"残疾人之家"机构。二是落实在校期间各类费用优惠,在校学习期间免除学费,免缴住宿费,并补助一定生活费。三是给予就业补贴等福利,毕业后,保障"残疾人之家"管理服务人员的工资福利等相关待遇,按规定将"残疾人之家"管理服务岗位纳入公益性岗位管理,对符合就业困难人员条件的上岗人员,给予公益性岗位补贴和社保补贴。四是规范定向班学生"统招统管统用",规范定向班毕业生就业、培训及使用、升学、违约和诚信管理,通过"统招统管统用",学生根据自身条件、技能优势等因素,匹配各地市"残疾人之家"需求,真正让"定向班"的学生"学得专、留得住、待遇好、有发展"。

## 二、"残疾人之家"定向班人才培养的具体内容

### (一)培养目标

该专业一般开设于特殊高等职业教育院校、特殊教育本科院校,面向残疾学生、健全学生融合招生。培养德智体美劳全面发展,具有坚定的政治素质、较高的人文素质、扎实的业务素质和健康的身心素质,掌握面向残疾人事业的社会工作专业基本理论、基本知识和基本技能,具有较强的创新精神、创业意识、实践能力、创新创业能力和社会适应能力,能胜任在各级残疾人托养机构、"残疾人之家"等基层社区、社会福利机构、社会公益团体、社会工作机构等从事面向残疾人事业的社会服务、社会保障、社会福利、社会工作行政及社会政策评估与研究等工作的应用型人才。

### (二)培养规格

公共能力方面。具有正确的政治方向和科学的世界观、人生观和价值观,具有正确的法治观念,良好的人格品质和职业道德。具有英语的听、说、

读、写、译的基本能力,掌握大学计算机文化基础知识和基本技能。具有健康的体魄、顽强的意志品质和良好的心理素质,养成良好的劳动习惯,掌握一定的劳动技能,通过全国社会工作者职业水平考试。

1. 专业能力方面

专业能力包括基础理论认知能力、社会问题认知能力和社会工作实务操作能力。基础理论认知能力要求掌握社会学概论、社会工作导论、社会工作价值与伦理、法学概论、高等数学等基础学科的理论知识与研究方法,具备一定的人文社会学学科基础与数学知识,对社会工作相关理论具有一定的了解,形成一定的社会工作价值观与从事社会工作的基础性能力。社会行为解析能力,掌握社会心理学、文化人类学、人类行为与社会环境、政治学、成长小组等基本理论,能够运用理论剖析各种社会行为,具有较强的社会行为解读能力。社会问题认知能力要求掌握公共管理学、社会问题与社会政策、社会保障概论、社会救助与社会福利,受过一定的实践教学训练,能理解党和政府的重大方针、政策、法律和法规,有分析和解读社会问题与各种社会现象的能力,并能够通过社工实践活动进行政策倡导,引导社会政策朝着积极健康的方向发展,解决社会问题。社会工作实务操作能力要求掌握个案工作、小组工作、社区工作、社会工作方法、社会工作行政等基本理论、方法和技巧,受过社会工作师专业技能训练,熟练掌握社会工作的三大工作方法,能够独立完成社会工作实务流程,掌握专业的实务操作技能,具备社会服务供给能力。

2. 发展能力方面

发展能力包括特殊群体援助能力、社会组织管理能力和社区服务供给能力等。特殊群体援助能力要求掌握残疾人事业社会工作、儿童青少年社会工作、老年社会工作、妇女社会工作以及民法民事诉讼法、刑法刑事诉讼法等多人群和多领域社工服务的基本理论,注重把社会工作的基础专业方法与残疾人事业特殊领域的社会工作相结合,尤其注重与残疾人等特殊群体社会援助有关的基本方法与技巧,具有较强的援助特殊群体的能力。社会组织管理能力要求掌握人力资源管理、管理经济学、危机管理、社区管理概论等基本理论与知识,掌握社会调查的基本流程与政务礼仪训练,具备较强的社会组织管理能力。社区服务供给能力要求掌握矫正社会工作、民法、刑法与公共关系学等基本理论,接受司法社会工作专门训练,具有一定的参与社区服务供给能力。社工项目策划与能力要求系统掌握项目管理、社会统计学、SPSS 软件应用、社会工作评估等基本理论、方法与工作技巧,具备熟练运用定性和定量两种基本研究方法进行社会调查与评估并提出对策建议的能力,以及一定的社会服务项目策划与管理的能力。

(三)课程体系

该专业根据国家专业教学标准,以职业能力为主线,构建工学结合、个性培养、方向特色鲜明的课程体系,该体系由基本素质及素质拓展课程、职业核心能力课程、专业拓展学习课程、创新创业课程和独立实践环节五大模块组成。

基本素质及素质拓展课程重在培养学生树立正确的价值观,增强基础文化素质。课程包括:思想道德修养与法治基础、毛泽东思想和中国特色社会主义理论体系概论、新媒体应用基础、实用心理学、应用文写作等。推进课程思政改革,加大育人力度。创新课程思政教学模式,课程体系建设侧重社会工作职业素养的养成和技能积累,在课堂中、实践中引导学生融入社会工作专业精神和职业精神。

职业核心能力课程重在培养学生的职业态度以及社会工作实务和管理能力。课程包括:社会工作概论、社会调查方法与实务、小组工作、个案工作、社区工作、残疾人政策法规、残疾人工作者领导艺术、经济管理、行政管理、基层公共关系实务、人力资源管理、档案管理实务等。

专业拓展学习课程重在丰富学生对专业各领域的知识面,提高学生素质和综合能力。包括:社交礼仪、团队建设与管理、乡村旅游发展与规划、新媒体运营与营销、农村土地整理与规划等。

实践课程重在培养学生的动手能力和理论联系实际的综合能力,结合我国下一步将建设以县域为重点,县、乡、村三级联动互补的基层残疾人服务网络的发展要求,针对不同残疾类别、不同残疾程度提升政策匹配度、服务精准度,实现"县有设施、乡有机构、村有服务"的基层服务网络。

(四)专业核心能力课程

一是个案工作。主要学习个案社会工作的基本知识、理论和技巧。课程目标是使学生掌握个案社会工作的理论基础,了解不同理论派别的服务模式,熟练把握个案社会工作的流程以及各阶段的主要内容,能够运用建立关系技巧、需求评估技巧、咨询辅导技巧、转介及结案技巧等，设计个案服务计划以及进行服务成效评估，进而使学生能够进行基础的个案服务。

二是小组工作。主要学习小组社会工作的基本知识、理论和技巧。课程目标是使学生了解个人与团体的关系，个人在团体中的角色，团体动力和团体发展阶段；能够根据服务对象需要进行小组活动策划，恰当使用各类技巧解决小组冲突并促进小组向下一阶段发展，能够评估不同组员的需要并在小组中得到满足，从而使服务对象的问题得到解决。此外，掌握在小组以外跟进成员需要、综合采取不同手法解决服务对象需要的能力。

三是社区工作（社区营造）。主要学习社区社会工作的基本知识、工作模式和技巧。课程目标是使学生了解残疾人社区社会工作的理论基础，掌握不同社区工作模式的适用环境、主要工作内容和方法，使学生能够结合社区发展特点进行社区服务规划，能够独立开展社区走访、撰写社区导向报告，能够进行社会活动的策划、执行及评估，尤其能够使"残疾人之家"服务队伍与其他团体建立良好的合作伙伴关系、与居民建立专业关系，调动社区资源为社区服务。

# 后 记

新时代背景下,我国高校改革发展的政策正在从以规模发展为重转向现代教育体系建设,反映了新时代发展高等教育的新型质量观。这种转变既是对特殊高等职业教育院校增强服务经济社会能力、服务残联系统能力的关注与要求,更是对残疾学生未来发展的诉求回应;既是对高等职业教育院校人才培养的模式要求,更是对残疾学生、健全学生自我与职业双重发展的期望。

新经济背景下,特殊高等职业教育院校作为高等教育的生产场域,通过以自我与职业为核心的双重生产,不断形成囊括就业支持体系、校园文化体系、环境融合体系等为核心的人才培养模式,并在残疾学生与健全学生、学生与老师等参与者之间达成依循权力逻辑的平等互动关系;同时,特殊高等职业教育院校也是文化场域,构成了残健融合文化及其表象组成的符号景观,学生从中获得表象之外的人生态度、人生体验等象征意义;最终,特殊高等职业教育院校集聚起一个残健融合的社会关系群体,以融合、平等、互助的方式实现群体的归属与认同,逐步实现它的社会学意义建构。

作为一名特殊高等职业教育工作者,我们将牢牢把准推进中国式现代化的方向坐标,以特殊高等职业教育点上的改革突破带动残疾人事业高质量发展。将牢牢把握党的二十大报告中强调的"完善残疾人社会保障制度和关爱服务体系,促进残疾人事业全面发展"[①]总体要求,推动特殊高等职业教育的功能定位、改革重心和服务场域的转变,全面展现推进中国式现代化教育的一流风貌。将以"残健融合 协同共培"的生动实践,重塑特殊高等职业教育生

---

① 习近平.高举中国特色社会主义伟大旗帜 为全面建设社会主义现代化国家而团结奋斗——在中国共产党第二十次全国代表大会上的报告(2022 年 10 月 16 日)[M].北京:人民出版社,2022:48.

态，加快构建政府主导、多元参与、需求驱动、残健融合的现代职业教育体系，奋力谱写中国式现代化的新篇章。本书在撰写过程中，得到了杭州师范大学王光龙教授、浙江工业大学刘晓教授、乞佳博士，浙江特殊教育职业学院林海燕、俞晓婷、鲁杨、张帆、邱淑女、刘彦华、姚晓霞、吕明晓、魏丹、吴娟萍等老师的大力支持，再次表示衷心感谢！

赵晓旭　于小和山

2024 年 5 月 5 日